AF305716

Vie de Saint François de Sales,

Evêque et Prince de Genève,

D'APRÈS SON NEVEU

CHARLES AUGUSTE DE SALES,

prince de la Thuille, docteur en théologie, prévôt, chanoine, vicaire général et official de la sainte église de Genève.

Société de Saint-Augustin,

DESCLÉE, DE BROUWER & Cie,

Imprimeurs des Facultés Catholiques de Lille.

LILLE. — 1890.

Vie de Saint
François de Sales.

SAINT FRANÇOIS DE SALES,
d'après la gravure de Morin, XVIIe siècle.

Vie de Saint François de Sales,

Evêque et Prince de Genève,

D'APRÈS SON NEVEU

CHARLES AUGUSTE DE SALES,

prince de la Thuille, docteur en théologie, prévôt, chanoine, vicaire général et official de la sainte église de Genève.

Société de Saint-Augustin,

DESCLÉE, DE BROUWER & Cie,

Imprimeurs des Facultés Catholiques de Lille.

LILLE. — 1890.

QUOIQU'IL soit né et qu'il ait vécu dans le duché de Savoie, qui formait alors un état indépendant, on peut dire que François de Sales est un saint français. Il avait fait une bonne partie de ses études en France, à Paris ; il parlait notre langue, et ses ouvrages, composés en français, lui ont assuré un rang distingué parmi les écrivains ecclésiastiques en général, mais particulièrement encore parmi les littérateurs de notre pays ; il fit de fréquents voyages en France, et fut honoré de l'estime et de l'amitié des rois Henri IV et Louis XIII, et des princes et princesses de leur cour. Il mourut en France, à Lyon ; et son tombeau est maintenant en France, depuis que la ville d'Annecy, depuis que la Savoie, son berceau et le théâtre de ses travaux apostoliques, sont devenues ville et terre françaises.

Aussi n'y a-t-il guère de saint qui soit plus populaire en France. Ses écrits ont fait les délices de nos pères, et font toujours celles des âmes vraiment chrétiennes fort nombreuses encore parmi nous, grâce au ciel ! Sa douceur légendaire, sa bonté proverbiale, la finesse de son esprit fécond en heureuses saillies et nullement ennemi des joyeusetés honnêtes, vont admirablement bien à notre caractère national, qui demande à la sainteté une vertu aimable, égale, condescendante et sociable. De plus les nombreux monastères de religieuses de la Visitation, qui couvrent notre sol, n'ont pas peu contribué à y faire connaître, estimer et aimer François de Sales, le véné-

rable fondateur et instituteur de cet ordre admirable.

Du reste, quantité de biographies ou d'histoires ont vulgarisé chez nous le nom du saint évêque de Genève. De nos jours encore, plusieurs ont été publiées, qui font honneur au talent, aux recherches et à la critique consciencieuse de leurs auteurs. Toutefois aucune d'entre elles ne remplace ni ne fait oublier celle que donna, quelques années après la mort de son bienheureux oncle, Charles-Auguste de Sales, chanoine, vicaire-général, et plus tard évêque lui aussi de Genève. Nul autre historien ne représente le saint plus au naturel : on le voit, on l'entend, on le suit pas à pas, on vit et converse avec lui. Nul autre ne mérite plus de créance, malgré quelques lacunes ou inexactitudes de détail insignifiantes : d'abord, comme il le dit lui-même, il a été témoin oculaire de la plupart des actions du saint évêque depuis l'an 1615, où, âgé de neuf ans, il commença d'étudier au collège d'Annecy, jusqu'à ce qu'il fut envoyé à celui des Jésuites de Lyon, l'année qui suivit la mort de son bienheureux oncle ; ensuite, comme il le dit encore, il a feuilleté et collationné tout ce qui avait été imprimé sur la vie de ce grand personnage : il a vu et compulsé tous les papiers du saint, les registres du greffe de l'officialité, les archives de la cathédrale et celles de la ville, tous les papiers de la famille naturelle et de la famille spirituelle de François, les manuscrits de plusieurs ecclésiastiques de sa maison, et les mémoires et souvenirs de Louis de Sales, son frère, et propre père de l'auteur lui-même ; de plus, il a pris à part et interrogé diligemment tous les serviteurs du défunt prélat, les révérends chanoines, les vénérables curés, les premières mères de la Visitation, les bons *vieillards d'Annecy et autres témoins irréprochables.*

C'est cette histoire, composée d'abord en latin, puis traduite en français par Charles-Auguste de Sales, que nous offrons aujourd'hui à la jeunesse chrétienne ; et nous avons la conviction de faire ainsi une œuvre utile et agréable à notre intéressant public. Mais le style de l'auteur a vieilli : bon nombre d'expressions qu'il emploie sont tombées en désuétude ou devenues triviales, et par conséquent seraient incompréhensibles ou choquantes pour la classe de lecteurs à laquelle nous nous adressons ; sa phrase, bien que claire ordinairement, s'obscurcit parfois en s'allongeant outre mesure et en s'embarrassant de participes et d'incidentes. De plus, Charles-Auguste, pour être complet, a dû traiter des questions d'administration, de bénéfices, de fondations et autres : il parle longuement des règles ou constitutions données par le saint à divers établissements religieux ; il s'attarde à décrire des cérémonies... etc ... En un mot, pour le réimprimer tout entier, il eût fallu de 600 à 700 pages in-8°, et nous voulions présenter un volume de 200 pages.

Notre tâche a donc consisté à rajeunir le texte, tout en cherchant à lui conserver sa physionomie et son parfum ; à l'abréger considérablement, sans retrancher rien de ce qui pouvait intéresser le jeune lecteur ou l'édifier, et en nous substituant le moins possible à l'auteur. Quant à ce dernier point, avouons que les coupures à faire, les passages à abréger, les transitions à établir, nous ont obligé assez souvent, trop souvent à notre gré, de tenir la plume nous-même : nous voulons cependant espérer que le style n'offrira pas de disparates choquantes.

Daigne Dieu bénir notre travail, et lui faire porter

du fruit dans les âmes de cette jeunesse tant aimée pour laquelle nous l'avons entrepris, et dont la pensée a pu seule nous adoucir les difficultés que nous y avons rencontrées !

CHAPITRE PREMIER.

Naissance. — Première éducation. — Premières études de François (1567–1580).

A Savoie jouissait d'une profonde paix, lorsque François, seigneur de Sales, de Balleyson et de Villaroget, épousa solennellement la fille de Melchior de Sionnaz, seigneur de la Thuille, de Vallières et de Boisy.

Le 21 août 1567, après six ans de mariage, la vertueuse dame mit au monde, en son château de Sales, François, son premier-né, qui devait être l'ornement de la maison de Sales, l'honneur de la Savoie et une nouvelle lumière de l'Église. L'enfant fut présenté sans retard au baptême. Avant même qu'il vit le jour, sa mère l'avait consacré au service de Dieu, en vénérant la précieuse relique du saint Suaire publiquement exposée à Annecy. Il était si délicat, fluet et chétif, que les médecins n'avaient guère d'espérance de sa vie. Néanmoins, à force de soins et d'attentions, on lui vit prendre le dessus. Il grandit en santé en même temps qu'en âge ; et sa beauté était telle que chacun reconnaissait en ses traits je ne sais quel rayon de la grâce céleste.

Ses parents eurent un soin très grand de le façonner à de bonnes habitudes; et, parce que l'esprit des enfants est comme une argile de laquelle on peut faire ce que bon semble, ils lui défendirent expressément la fréquentation des compagnies dangereuses ; on le tenait loin de la cuisine et des impertinences des serviteurs ; et on était si soigneux de son profit que, les dons de la nature se convertissant peu à peu en vertus, il parut bientôt un homme mûr par la gravité de ses

mœurs : car il était modeste dans les réunions, judicieux dans
ses discours, subtil dans ses réponses, docile aux instructions,
humble dans les corrections, obéissant avec ses parents, respectueux avec ses supérieurs, prudent avec ses égaux, courtois avec ses inférieurs, simple et paisible avec tous. Il n'avait
rien de particulier en sa façon de vivre ni en ses habits, et ne

St François de Sales enfant, distribuant des aumônes aux
pauvres.

demandait rien de superflu ; mais, se contentant de peu, il
acquiesçait entièrement à la volonté de ses parents, auxquels
c'était un contentement nonpareil d'avoir un enfant d'un si
bon naturel. Surtout ils lui inculquaient souvent l'amour et

la crainte de Dieu, lui expliquaient les mystères de la foi
chrétienne le plus clairement qu'ils pouvaient, et répondaient
toujours à ses petites demandes. Ils lui remontraient si fortement la laideur du mensonge et la beauté de la vérité qu'il
aimait mieux recevoir le fouet que mentir. Il se plaisait à
imiter les actions des prêtres, érigeait de petits autels, les
ornait d'images et y faisait ses prières. Mais c'était une chose
de grande édification quand, les jours de dimanche et de fête,
il demeurait à l'église devant sa mère, à genoux et mains
jointes, les yeux fixés à l'autel, avec tant d'attention et de
dévotion aux divins offices qu'il semblait un petit ange descendu du ciel. L'exemple de ses parents lui servit beaucoup
pour se rendre charitable envers les pauvres ; bien souvent
même ils lui faisaient porter l'aumône : sa charité était venue
à ce point que, quand il entendait crier quelque mendiant, il
sortait de table pour lui porter une partie de son déjeuner ;
il se rendait partout le procureur des pauvres, et, quand il
n'avait pas de quoi donner, il en demandait à son père ou à
sa mère.

Cependant on pensait à le mettre au collège. François
n'avait encore que six ans, mais il brûlait déjà d'ardeur pour
l'étude ; aussi eut-il une grande joie d'être envoyé à la Roche,
ville située dans le voisinage de Sales, pour y apprendre les
premiers éléments de la grammaire. Quelque temps après, il
fut tiré de cette ville et envoyé à Annecy avec quatre de ses
cousins. Or, il était si diligent et employait si bien son esprit
qu'il surpassa bientôt tous ses compagnons : car il était animé
d'un très vif désir de s'instruire ; et, quand il commençait de
tourner les mots français en latin, on a remarqué qu'il demeurait quelquefois une heure entière à bien coucher quatre ou
cinq périodes. Jamais il ne se plaignait des longues leçons. Il
faisait de petits recueils des plus belles sentences qu'il lisait
ou qu'il entendait dire, et aussi des mots choisis et des fleurs
d'éloquence pour s'en servir à propos. Et parce qu'il avait une
action pleine, noble, majestueuse et naturelle, un corps bien
fait, un visage attrayant et une très bonne voix, on le faisait
souvent déclamer. Sa modestie était telle qu'on ne l'a jamais
vu tourner inconsidérément la tête et les yeux de côté et
d'autre : mais il allait à ses petites affaires d'un pas grave et
nullement affecté, toujours net, propre et bien composé en sa
chevelure et en ses habits. Tous ceux qui le voyaient ainsi,
auguraient merveille de son avenir. Sa vertu faisait que ses

compagnons lui portaient un respect tout particulier ; à l'occasion, il savait les reprendre doucement, et plusieurs ont
confessé avoir été retenus de mal faire par sa seule présence.
Il supportait discrètement leurs impertinences ; voire il s'est
présenté souvent pour recevoir à leur place le châtiment des
fautes qu'ils avaient commises. Il était plein d'amour pour la
justice : un jour qu'un serviteur chargé de lui acheter des

St François de Sales enfant, enseignant le catéchisme à ses
condisciples.

gants n'avait pas voulu en donner le prix qu'on les faisait, il
tira de son argent propre pour payer le surplus, quoique le
marchand les eût déjà lâchés.

Parvenu à l'âge de dix ans, François fit sa première communion, et reçut le même jour le sacrement de confirmation des mains d'Ange Justiniani, évêque et prince de Genève ; ce grand prélat, ayant demandé à qui était cet enfant, admira sa beauté et sa modestie et dit plusieurs paroles de bon présage en le considérant. A peine peut-on dire combien ce sage enfant profita depuis : il se prescrivit des prières journalières, et des heures pour la lecture de livres de piété et pour la visite des églises. Les soirs d'été, au lieu de sortir avec ses compagnons, il demeurait à lire la vie des Saints ; et, les jours de congé, à la promenade, il se retirait un peu à l'écart avec quelques pieux condisciples : il se mettait à genoux à l'ombre des bois, et récitait avec eux les litanies, leur disant souvent ces paroles : « Apprenons de bonne heure à servir Dieu et à le prier, tandis qu'il nous en donne le loisir. »

Cependant François commence à s'enflammer du désir d'entrer dans l'état ecclésiastique ; c'est pourquoi il demande à son père et en obtient la permission de recevoir la tonsure cléricale. Il la reçut, en effet, à Clermont, en Génevois, et prit le Seigneur pour la part et portion de son héritage avec une joie indicible (1578).

A son retour, il apprit le dessein que son père avait de l'envoyer à Paris, au collège de Navarre ; il y eut de la répugnance, parce qu'il avait ouï dire que la jeunesse ne s'y adonnait pas tant à la piété qu'au collège de Clermont tenu par les Pères jésuites, dans la même ville. Il alla trouver sa mère, et lui ouvrit son cœur. Celle-ci s'entremit si bien auprès du seigneur son mari que le premier dessein fut changé. François donc reçut la bénédiction de ses parents, et partit de Sales pour aller à Paris, au collège de Clermont, sous la conduite d'un digne prêtre nommé Déage.

CHAPITRE DEUXIÈME.

François à Paris. — Ses études. — Tentation terrible (1580-1586).

FRANÇOIS arriva à Paris par Lyon, Bourges et Orléans ; il voulut être aussitôt conduit au collège des Jésuites. Il les salua et leur dit son intention de la manière la plus aimable ; puis, étant mis en pension dans une maison voisine,

il recommença l'étude des lettres humaines et de la rhétorique. Pour obéir aux volontés de son père, il ne négligea point
les exercices de la noblesse française : il apprit à danser, à
faire des armes et à monter à cheval ; mais il se ressouvenait
d'avoir été fait ecclésiastique, et ne voulait point changer de
résolution.

Il choisit sans retard un père spirituel pour la direction de
sa conscience ; et, voyant que dans les congrégations de la
Sainte-Vierge plusieurs vivaient religieusement et angélique-
ment, il s'enrôla dans l'une d'elles par le conseil de son gouverneur, et il y exerça bien souvent les charges d'assistant et
de préfet. Il épanchait partout les suaves odeurs de ses vertus:
car il était doux et humble de cœur, courtois et gracieux
envers tous, assidu dans les églises soit pour ouïr les prédications, soit pour assister aux divins offices. Il se confessait et
communiait de huit en huit jours. Il était surtout enflammé
d'un ardent amour pour le sacrement de l'autel, et il savait
communiquer aux autres le feu dont il brûlait. Un jour qu'il
avait reçu la visite d'un compatriote, il l'invita à dîner, et tout
aussitôt le conduisit au collège des Jésuites, où ils se con-
fessèrent et communièrent ensemble ; après quoi : « Allons
dîner quand il vous plaira, lui dit-il : voilà le premier et le
plus grand festin que je voulais vous faire. »

Il se plaisait beaucoup en la compagnie des religieux, s'é-
difiant de leur conversation et de leurs exemples. Il recher-
chait surtout les Capucins ; il épiait l'heure des messes que
servait le Père Ange de Joyeuse, et admirait la piété de cet
homme angélique : « O Dieu ! disait-il souvent à un ami qui
l'accompagnait, quelle leçon nous donne ce religieux qui,
étant né prince et ayant été élevé parmi les princes, après
tant de beaux faits, a tout quitté et dit adieu au monde, s'est
revêtu d'un sac, et a mieux aimé être abject en la maison de
Dieu que d'habiter dans les tentes des pécheurs ! » Enfin il
montrait tant d'aversion pour les vanités que son gouverneur
était en peine qu'il ne se fît religieux, n'ignorant pas la vie
austère que menait le vertueux gentilhomme : celui-ci, en
effet, jeûnait et portait le cilice trois jours de la semaine, le
mercredi, le vendredi et le samedi. C'est ainsi qu'il triomphait
des séductions de la chair et du monde, et qu'il sut conserver
intacte sa chasteté, dont il avait du reste remis la garde à la
glorieuse Vierge Marie dans l'église de Saint-Étienne-des-
Grès.

Cependant, François devenait de jour en jour plus docte ; et, ayant achevé la rhétorique, il fut fait écolier en philosophie ; mais il ne laissa pas d'étudier en même temps et d'approfondir la théologie, voire de suivre assidûment les cours d'Écriture sainte et de langue hébraïque. Chacun était étonné de sa diligence ; et ses maîtres eux-mêmes disaient de ce parfait jeune homme, qu'il était d'une grande espérance aussi bien que d'une grande beauté.

Certes le diable ne pouvait qu'enrager des progrès que le jeune François faisait au chemin de la vertu ; aussi tâcha-t-il d'arrêter le navire de ce béni enfant qui cinglait heureusement à la faveur du vent céleste. Il couvrit son esprit d'épaisses ténèbres, et lui fit penser à la difficulté du salut éternel et au petit nombre des prédestinés. Il fit tant que cette pauvre âme entra en défiance de son salut, et s'imagina qu'elle serait damnée. « Malheureux que je suis, s'écriait François, serais-je donc privé de la grâce de Celui qui m'a fait goûter si suavement ses douceurs ? O amour, ô charité, ô beauté à laquelle j'ai voué toutes mes affections, je ne jouirais donc point de vos délices ? — O Vierge, disait-il à la Mère de Dieu, je ne vous verrais donc jamais au royaume de votre Fils ? Et mon doux JÉSUS, n'est-il pas mort pour moi aussi bien que pour les autres ?... Ah ! quoi qu'il en soit, Seigneur, au moins que je vous aime en cette vie, si je ne puis vous aimer en l'éternelle !... » Il jetait ainsi mille soupirs, et arrosait son lit de ses larmes. Il dessécha peu à peu ; la jaunisse lui couvrit tout le corps, avec de si poignantes douleurs qu'il ne pouvait ni manger, ni boire, ni dormir. Toutefois il ne voulut pas garder la chambre ; mais il se traînait plutôt qu'il ne marchait.

Un mois s'étant ainsi passé dans des angoisses et des souffrances indicibles, en revenant du collège il entra dans la même église où il avait formé le dessein de conserver le lis de sa virginité ; il remarqua, appendue à la muraille, une tablette où se lisait la dévote oraison *Souvenez-vous, ô très pieuse Vierge Marie... ;* il la récita à genoux et avec larmes ; puis il demanda la santé du corps et de l'esprit, et voua à Dieu et à la Vierge sa virginité, s'obligeant, en témoignage et mémoire de ce vœu, de réciter le chapelet tous les jours de sa vie. Et voilà que tout aussitôt la tentation s'évanouit, et la santé lui fut rendue.

Parmi ces merveilles, six ans s'étaient écoulés, et François fut jugé parfait en philosophie. Il quitta donc Paris avec son gouverneur, au grand regret de ceux qui avaient eu le bonheur de sa connaissance ; et, après avoir visité les plus belles provinces et villes du très noble royaume de France, il arriva heureusement à Sales. Il y fut reçu à bras ouverts : son père et sa mère, comme aussi ses autres parents, étaient dans l'admiration de le trouver si accompli en toutes choses.

CHAPITRE TROISIÈME.

François à l'université de Padoue (1586-1591).

APRÈS avoir vu la France, il fallait voir l'Italie. Le seigneur de Sales, qui destinait son fils à la magistrature, l'envoya étudier le droit à Padoue, ville des États de Venise, renommée par son Université de théologie, de jurisprudence et de médecine : alors y florissait, entre autres, le fameux jurisconsulte Guy Pancirole, homme d'une science et d'une vertu consommées. François fut on ne peut plus heureux d'être disciple d'un tel maître. Il se prescrivit huit heures d'étude, quatre pour la jurisprudence, et tout autant pour la théologie ; il donnait le reste à la piété. Son premier soin fut de se procurer un bon directeur spirituel : le ciel l'adressa au P. Antoine Possevin, de la Compagnie de JÉSUS, religieux éminent en sainteté comme en doctrine. Celui-ci loua le dessein qu'avait son pénitent d'embrasser l'état ecclésiastique, et l'encouragea à la persévérance ; mû de l'esprit de prophétie, il alla jusqu'à lui dire que la Providence lui réservait l'évêché de Genève. Le pieux jeune homme puisa aussi de grandes lumières dans le livre du *Combat spirituel*, qui lui était alors tombé entre les mains : il le lisait comme une lettre de Dieu venue du ciel, et depuis il le porta constamment sur lui l'espace de dix-sept ans.

François se mit donc avec une ardeur nouvelle à l'étude des Saintes Lettres et de la théologie. La Somme de l'angélique docteur saint Thomas était toujours ouverte sur son pupitre. Il feuilletait les divines Écritures avec une grande révérence. Il goûtait fort les livres de saint Bonaventure. Entre les Pères il aimait particulièrement saint

Augustin, saint Jérôme, saint Bernard et saint Chrysostome ; mais surtout il se plaisait avec saint Cyprien, dont il tâchait souvent d'imiter le style élégant et harmonieux.

En ce même temps il se prescrivit et coucha sur le papier des règles de vie marquées au coin d'une sagesse et d'une piété admirables. Il détermine soigneusement, entre autres choses, un exercice à faire au moins une fois le jour, le matin : c'est à savoir un sérieux examen de prévoyance, précédé de la prière et suivi de résolutions appropriées aux circonstances. Il s'oblige aussi à l'oraison mentale, qu'il appelle un sommeil spirituel sur le sein de Dieu même, dût-il prendre pour la faire sur le repos de la nuit. Il s'était également tracé une ligne de conduite fort prudente et discrète, pour se bien comporter dans les compagnies et les conversations : il s'y montrait aimable sans affectation, joyeux sans légèreté, réservé sans contrainte, aisé sans familiarité, modeste sans mélancolie, tout à la fois respectueux et ouvert avec ses supérieurs, cordial avec ses égaux, bienveillant avec ses inférieurs, serviable et charitable pour tous.

Mais cette grâce répandue sur toute sa personne, et la beauté de son visage, qui était ravissante, l'exposaient à de véritables dangers. Le pieux jeune homme sut échapper à la séduction, grâce à sa vigilance et à sa rare énergie. Un jour il alla jusqu'à lancer un énorme crachat à la face d'une misérable qui le harcelait d'infâmes importunités. Pour fortifier et assurer sa vertu, il macérait son corps par le cilice, les jeûnes et de longues veilles, et se matait par l'assiduité de la méditation ; il prenait souvent la discipline, surtout en carême, et, parmi toutes ces austérités, il pratiquait si bien l'humilité que, si ce n'est à son directeur et à son gouverneur, il n'en a jamais rien déclaré à personne.

Cependant ces mortifications volontaires et l'excès du travail altérèrent la santé de François ; il devint si pâle et si maigre qu'il ressemblait plutôt à un squelette qu'à un homme vivant. A de violents maux de tête et d'estomac vint bientôt s'ajouter une fièvre brûlante ; puis la dyssenterie et un rhumatisme universel, qui le mirent en un si piteux état que les larmes en tombaient des yeux à tous ceux qui le voyaient. Lui, néanmoins, ne témoigna jamais la moindre impatience ; au contraire, il protestait qu'il ne voulait que la volonté de Dieu, et qu'il méritait bien davantage de tourment, si l'on avait égard à ses péchés.

Le sieur Déage, son gouverneur, consterné, réunit en consultation les plus célèbres médecins, qui ne lui donnèrent aucun espoir. Le pauvre prêtre se résolut donc d'avertir le cher malade : « Mon fils, lui dit-il, si Dieu vous retirait à une meilleure vie, ne vous conformeriez-vous pas à son bon plaisir ? » Et il ne put ajouter rien de plus. François comprit incontinent, et répondit : « Je suis prêt à tout ce que Dieu voudra faire de moi, soit qu'il veuille que je meure, soit qu'il aime mieux que je vive. » Puis il éclata en cantiques de louanges, seul impassible, tandis que tous les assistants fondaient en larmes. Et quand le sieur Déage, se faisant violence, lui demanda quelles funérailles il désirait : « Mon cher maître, répondit-il, je me remets de tout cela à votre charité, et je vous prie d'avoir autant de soin de moi après ma mort que vous en avez eu pendant ma vie. Je désire seulement une chose, que vous remettiez ce corps aux médecins et chirurgiens pour en faire l'anatomie. » Son but était d'empêcher, pour sa part, les scènes de désordre et de meurtre que provoquait souvent l'enlèvement de cadavres par les étudiants en médecine.

Alors François demanda qu'on lui apportât les sacrements. Il se confessa, reçut le saint Viatique et l'Extrême-Onction. Après quoi un mieux notable se déclara ; les forces revinrent peu à peu, et bientôt le malade eut retrouvé sa première santé. Les médecins dirent que c'était un miracle ; tout le monde s'en réjouit, et lui ne manqua pas d'en rendre grâces à Dieu et à la glorieuse Vierge Marie. Puis il reprit avec une diligence nonpareille ses études et ses exercices spirituels, s'adonnant pricipalement à l'acquisition de la douceur et de l'humilité.

Or le serviteur de Dieu était dans sa vingt-quatrième année, et le temps qu'il devait consacrer à l'étude des lois était écoulé : il sollicita le grade de docteur, sur l'ordre de son père. Il subit brillamment l'examen en présence d'une savante et nombreuse assemblée. Alors Pancirole fit un bel éloge du nouveau candidat, et, après une remarquable réponse de celui-ci, il lui conféra les insignes et les privilèges du doctorat. En suite de quoi le glorieux élu fut reconduit en triomphe jusqu'à sa demeure : c'était le cinq septembre 1591.

Le seigneur de Sales attendait impatiemment le retour de son fils ; pourtant il lui permit de faire un voyage en Italie et d'en visiter les plus célèbres villes. François se rendit donc

La Santa Casa de Lorette.

à Rome : aussitôt arrivé, il visita les principaux sanctuaires et y vénéra les reliques des saints ; souvent il arrosait de ses larmes cette terre consacrée par le sang de tant de martyrs, et il ne se lassait point de louer Dieu du changement qu'il y avait opéré.

Comme il songeait à quitter la Ville Éternelle, peu s'en fallut qu'il n'y trouvât la mort. Il s'était logé en une maison sur le Tibre ; il fut contraint de laisser la place à de grands seigneurs que son hôte voulait recevoir. Or il arriva que, dès la nuit suivante, le Tibre, enflé par des pluies continuelles, sapa et emporta à la mer cette maison avec tous ceux qui étaient dedans. Le serviteur de Dieu remercia la divine Majesté de n'avoir pas permis qu'il pérît en cette ruine, et partit pour Lorette.

C'est là qu'on vénère la sainte maison de la Vierge Marie, en laquelle elle conçut le Fils de Dieu, et qui fut transportée, par la main des anges, de Nazareth et de Dalmatie dans un bois de lauriers proche de la ville. François avait voué ce pèlerinage. Pour accomplir son vœu, il se confessa et communia ; puis humblement prosterné à genoux, il baisa cette terre sainte et ces sacrées murailles ; dans les transports de sa ferveur, il les inondait de ses larmes, tandis que le Ciel l'inondait lui-même de grâces extraordinaires.

De Lorette il vint à Ancône, pour passer de là par mer à Venise. Il avait déjà pris place dans un bateau, quand une grande dame napolitaine, qui l'avait loué pour elle seule et ses gens, l'en fit sortir sans vouloir rien entendre. Du rivage, François et les siens suivaient des yeux cette femme qui cinglait heureusement : tout à coup, la tempête s'élève, la mer s'irrite, et, à la vue de tous ceux qui étaient au port, engloutit le navire, le pilote, la dame et tout ce qui était dedans.

La mer étant apaisée, il ne laissa pas de s'embarquer et à son tour il courut grand risque de faire naufrage. Le bateau eut à essuyer une violente bourrasque, et peut-être se fût-il perdu, corps et biens, sans les prières du vertueux gentilhomme.

Le lendemain, au cours de la traversée, il arriva à François une plaisante aventure : son chapeau, atteint par le pilote dans une manœuvre des cordages, tomba à la mer. Il ne s'en émut pas, disant qu'au pis aller un écu réparerait ce malheur. Mais son gouverneur ne l'entendit pas ainsi : « Portez

Vue générale d'Ancône.

la peine de votre imprévoyance, s'écria-t-il aigrement, et défendez votre chef des intempéries de l'air comme vous pourrez. » François prit son bonnet de nuit, espérant qu'on lui achèterait un chapeau en la ville de Chiosa, où ils devaient atterrir pour dîner ; et, cependant, il souriait aux plaisanteries et aux brocards qu'on lui lançait de tous côtés. Le sieur Déage le renvoya aux marchands de Venise : il se plut même à le promener et à le faire voir par les rues et les places en cette ridicule majesté. Le doux gentilhomme subit cette humiliation sans se fâcher et de la meilleure grâce. C'est ainsi qu'il fit son entrée à Venise, où il séjourna quelques jours pour admirer les merveilles de cette grande ville.

CHAPITRE QUATRIÈME.

Retour en Savoie. — François avocat au sénat de Chambéry. — Sa vocation à l'état ecclésiastique s'affermit. — Il est nommé prévôt du chapitre de Genève. — Son ordination — Confrérie de la Sainte-Croix (1592-1593).

AU printemps de 1592, François rentrait en Savoie, et se rendait au château de la Thuille où la famille s'était fixée. Il fut accueilli avec des transports de joie par son père et sa mère, par toute sa parenté et même tout le voisinage. On voulut qu'il portât dorénavant le titre de sa seigneurie de Villaroget, et on l'envoya à Annecy saluer le révérendissime évêque de Genève, Claude de Granier. Celui-ci le reçut non seulement avec honneur, mais avec de grands témoignages d'affection ; et, au cours d'une discussion théologique entre docteurs, l'ayant mis en demeure d'en dire son avis, il fut si émerveillé de la modestie et de la doctrine de son visiteur qu'en rentrant de le reconduire il dit à ses familiers : « Que pensez-vous de ce jeune seigneur ? Il deviendra un grand personnage, et sera un jour mon successeur en cette chaire. » Ces paroles étaient une prédiction que plus tard l'événement devait vérifier.

Le seigneur de Sales, qui avait bien d'autres desseins, voulut que son fils allât à Chambéry pour s'y faire recevoir avocat au sénat. François obéit. Il se rendit auprès de l'illustre sénateur Antoine Favre, ami de sa famille, lequel reconnut aussitôt le mérite du jeune candidat et se fit un plaisir de le

Vue de Chambéry.

présenter. Il subit l'examen et, après un rapport de la commission des plus élogieux, il fut admis au nombre des avocats du souverain sénat, avec tous les honneurs et privilèges. Sa harangue de remerciement ravit d'admiration toute l'auguste assemblée ; le bruit courut même que bientôt le docte avocat serait élevé à la dignité de sénateur.

Alors le seigneur de Villaroget quitta Chambéry, et s'en retournait à la maison de son père, quand une chose étrange lui arriva en traversant la forêt de Sonaz. Son cheval ayant bronché s'abattit, sans toutefois le blesser ; son épée même se détacha de son côté, et étant sortie du fourreau forma avec celui-ci sur le chemin la figure de la croix. François fut un peu étonné de l'aventure, sans s'y arrêter autrement. Mais ce qui lui donna à penser, c'est qu'en ce voyage le même accident lui arriva encore par deux autres fois ; et toujours son épée lui représenta de même la figure de la croix. Alors il n'y tient plus et dit au sieur Déage, témoin du prodige : « Dieu ne veut pas que j'embrasse le genre de vie que mon père prétend ; il y a longtemps qu'il m'appelle intérieurement au service des autels. » Le gouverneur se trouva bien perplexe à ces propos, et il ne savait s'il devait approuver ou désapprouver le dessein qu'avait François de se déclarer à son père.

A leur arrivée à la Thuille, le seigneur de Sales fut heureux et fier du résultat de leur voyage. Mais il nourrissait dès lors un projet bien contraire à ceux de son fils. Il pensait à lui faire épouser la fille unique, très belle, vertueuse et richement dotée, de Jean de Suchet, seigneur de Végy. Il le conduisit donc à Sallanche en Faucigny pour voir la damoiselle. François ne put se défendre de faire ce voyage ; mais dans les visites qu'il rendit à la famille, malgré les objurgations de son père et d'autres personnes, il montra une réserve étudiée et une froideur extrême : aussi renonça-t-on bientôt à des entrevues fort pénibles pour les uns et pour les autres.

Après cela, et après son refus de la dignité de sénateur au sénat de Chambéry que lui avait fait offrir le prince Charles-Emmanuel de Savoie, le serviteur de Dieu ne pouvait pas tenir plus longtemps cachée sa résolution d'entrer dans l'état ecclésiastique : il chargea son cher cousin, Louis de Sales, chanoine de l'église cathédrale de Genève, de négocier l'affaire auprès de son père.

Celui-là, par l'entremise de son confrère François de Ronys, demanda à Rome et obtint pour le seigneur de Villaroget la dignité de prévôt du chapitre de Genève alors vacante. Tous deux vinrent lui apporter ses bulles d'Annecy à la Thuille. Alors l'heureux gentilhomme n'hésita plus, et il alla hardiment trouver son père : « Mon père, lui dit-il, je viens vous demander une grâce, après laquelle jamais plus je ne vous demanderai rien. Qu'il vous plaise, mon père, de me permettre d'être d'église ; voici des bulles apostoliques qui me concèdent la prévôté du chapitre de Genève, la première dignité après l'épiscopale : Monsieur mon cousin que voici, et monsieur de Ronys me les ont procurées à mon insu. »

Si quelqu'un fut étonné, ce fut le seigneur de Sales ; la dame sa femme, qui était présente, ne le fut pas moins. Revenu de sa première surprise, il lui fit les plus touchantes représentations, alléguant sa vieillesse et le besoin que ses autres enfants avaient de leur aîné. François répondit à tout avec fermeté et respect, si bien que le pauvre père lui dit enfin à travers ses larmes et ses soupirs : « Faites donc ce que vous voudrez, mon fils. Daigne le bon Dieu, qui vous a inspiré ce choix, vous bénir mille et mille fois ! Et moi aussi je vous donne ma bénédiction. » François se mit à genoux et remercia tendrement son père, tandis que sa mère se retirait pour pleurer à l'aise et sans témoins.

Il se fit faire incontinent une soutane, et partit pour Annecy. Le 12 mai, veille de l'Ascension, il y prit canoniquement possession de sa charge, à l'applaudissement du clergé et des fidèles. Il reçut les quatre ordres mineurs et fut promu au sous-diaconat, la veille de la Trinité. Sur l'ordre exprès de son prélat, il donna son premier sermon solennel le jour de l'octave de la Fête-Dieu. Naturellement il prêcha sur le sujet de l'Eucharistie, mais avec tant de doctrine, de force, de piété et d'éloquence, que des larmes coulèrent de bien des yeux et qu'un concert unanime de louanges s'éleva en l'honneur du jeune prévôt. Le bon évêque pleura plus que tous : « C'est mon fils, celui-là, disait-il ; que vous semble de mon fils ? N'a-t-il pas dit merveilleusement des choses merveilleuses ? Certes, nous avons un apôtre nouveau, puissant en paroles et en œuvres. » Et il alla aussitôt féliciter le seigneur et la dame de Sales, qui étaient eux-mêmes dans le ravissement.

Du reste, François n'attirait pas moins les regards par ses vertus que par ses talents. Seul en sa chambre, ou il méditait, ou il était penché sur ses livres ; en ville, il n'y avait personne qui surpassât sa modestie ; au chœur, il chantait les louanges de Dieu avec la ferveur d'un ange. Il visitait les malades, réconciliait les ennemis et s'employait à de telles autres œuvres de la charité chrétienne.

Ce fut alors que la vue des calamités spirituelles et temporelles qui affligeaient le pays, et de celles qui le menaçaient encore, lui inspira le dessein de fonder une confrérie de pénitents, dont l'union dans la prière et dans des exercices de piété, de réparation et de charité pût réjouir le cœur de Dieu et apaiser sa colère. Il lui donna le titre de *Confrérie de Pénitents de la Sainte-Croix, de l'Immaculée Conception et des saints Apôtres Pierre et Paul ;* il en rédigea les statuts qu'il soumit à l'approbation de l'évêque et de ses confrères les chanoines. Enfin, elle fut canoniquement érigée le 1ᵉʳ septembre, et, le 14 du même mois, elle célébra solennellement sa première fête, l'Exaltation de la sainte croix. François en avait été élu prieur, et il eut la consolation de lui voir porter des fruits admirables.

Cependant il n'était encore que sous-diacre : aux quatre-temps de septembre, il fut promu au diaconat ; puis, à ceux de l'avent, il fut ordonné prêtre. Le bon prélat Claude de Granier ne put s'empêcher de pleurer en imposant les mains à celui qu'il appelait son cher fils. Quant à celui-ci, ravi dans la considération de sa nouvelle dignité, il semblait transporté dans un autre monde. Le 21 décembre, jour de saint Thomas apôtre, il chanta sa première messe dans l'église cathédrale d'Annecy, en présence de ses parents qui pleurèrent de joie ; et, après l'office de vêpres, il fit une très fervente prédication sur l'excellence du saint sacrifice.

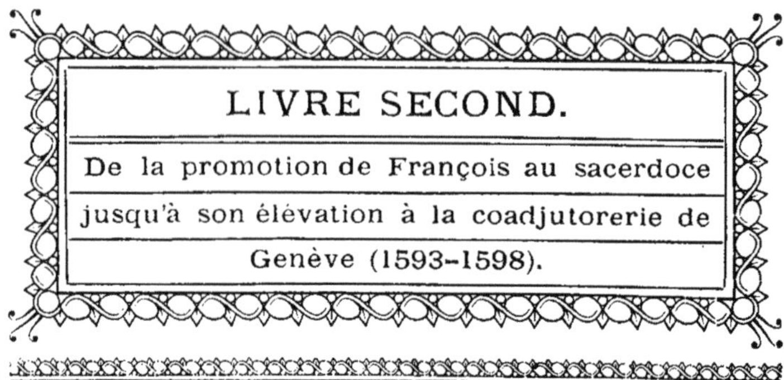

LIVRE SECOND.

De la promotion de François au sacerdoce jusqu'à son élévation à la coadjutorerie de Genève (1593–1598).

CHAPITRE PREMIER.

Débuts de son ministère. — Pèlerinage à Aix en Savoie (1593–94).

A CETTE époque, les parents de François firent auprès de leur fils de nouvelles démarches, pour qu'il acceptât la dignité sénatoriale où le voulait élever Son Altesse Sérénissime. A leurs instances, le sénateur Favre joignit les siennes, au nom de la mutuelle et fraternelle amitié qu'ils avaient contractée ensemble à Chambéry. Il lui écrivit à ce sujet des lettres très pressantes et pleines d'arguments très spécieux. Mais le vertueux prévôt répondait à toutes les sollicitations, que *personne ne saurait servir deux maîtres; qu'il ne fallait pas mêler les choses sacrées avec les profanes ; que nul, combattant sous les enseignes de Dieu, ne doit s'embarrasser d'affaires séculières.*

Son unique ambition était de procurer la gloire de Dieu et le salut des âmes. Il offrait tous les jours le saint sacrifice avec une dévotion extraordinaire ; il édifiait les fidèles par de continuelles prédications, et remplissait très exactement tous les devoirs de sa charge. Les pénitents de toute classe se pressaient à son confessionnal, où il demeurait parfois depuis l'aube du jour jusqu'à midi, et il les admettait tous sans aucune acception de personnes. Ses préférences étaient plutôt pour les humbles et les infirmes. Voyait-il, par exemple, un aveugle se diriger à tâtons vers son tribunal ? il s'avançait aussitôt au-devant et le conduisait jusque sur l'accoudoir. Etait-ce un paralytique ? il allait lui offrir l'appui de son bras et le conduisait de même. Si c'était un pauvre honteux, après la confession il lui faisait une aumône proportionnée à ses besoins.

Sur ces entrefaites, la cure du Petit-Bornand étant venue à vaquer, on lui conseilla de poser sa candidature.

Depuis le pillage et l'usurpation des biens d'église par les hérétiques, le revenu des chanoines de Genève était fort maigre et insuffisant, et on les autorisait à unir un autre bénéfice à leur canonicat. François consentit à se présenter au concours ; mais à peine le bruit s'en fut-il répandu, que tous les prétendants se retirèrent, ne se souciant pas d'entrer en lice avec un si docte concurrent. Néanmoins l'évêque lui commanda de faire un discours en latin sur le très saint Sacrement de l'Autel ; il le fit avec une science, une dévotion et une éloquence nonpareilles ; après quoi il fut pourvu de la cure vacante.

L'envie devait prendre ombrage de tant de mérite et de tant de vertu. Bientôt, en effet, elle arma la calomnie contre cet homme, qui était l'innocence même, et vint à bout, par ses artifices, de surprendre le vertueux prélat, Claude de Granier. On lui disait que le prévôt de Sales parlait mal de lui en arrière, et qu'il ne se gênait pas pour blâmer, à mots couverts, sa manière d'agir ou de gouverner. Le bon vieillard entra donc en défiance, et dès lors se comporta froidement à l'égard de François. Celui-ci, se sentant innocent, laissait à Dieu et au temps le soin de sa justification : il ne se relâcha en rien de prêcher, d'entendre les confessions, de visiter les malades, et d'assister aux assemblées qui se tenaient pour les affaires ecclésiastiques. Mais enfin le bon évêque se lassa d'un si long soupçon, et, tirant son cher fils à part en une allée de son jardin, déchargea une bonne fois tout son cœur. Le serviteur de Dieu n'eut pas de peine à confondre la calomnie ; il en eut bien davantage à calmer l'indignation du prélat et à l'empêcher de sévir rigoureusement contre les coupables : il alla jusqu'à se jeter à ses pieds pour obtenir leur pardon. Ce fut là toute sa vengeance, à lui. Depuis lors, aucun nuage ne s'éleva plus entre ces deux âmes si bien faites pour se comprendre.

Il y avait déjà quelque temps que les citoyens de Chambéry, à l'imitation de ceux d'Annecy, s'étaient enrôlés dans la confrérie de la Sainte-Croix et en avaient adopté les constitutions. Or, les confrères des deux villes résolurent de faire un pèlerinage à Aix, en Savoie, pour voir et adorer une relique insigne du bois sacré de notre rédemption. Le sénateur Favre écrivit à ce sujet au seigneur prévôt, en son nom et en celui de ses confrères, et le pria de leur prescrire la marche à suivre et les pénitences à observer. Après une belle réponse du serviteur de Dieu, on se prépara des deux côtés pour le voyage, et on partit le jour assigné. Ceux d'Annecy, après avoir entendu la messe de bon matin, se mirent en route. Un confrère, entre deux falotiers, marchait tout premier, portant une grande croix ; les autres suivaient revêtus de leurs sacs, pieds nus, deux à deux, chantant les litanies. Le prieur François venait tout dernier accompagné de ses deux assesseurs, seul à visage découvert, revêtu du surplis et nu-pieds comme les autres. Derrière venait une longue file de gens de l'un et l'autre sexe, qui tenaient en main des chapelets ou des livres de prières et qui s'édifiaient mutuellement par la modestie de leur attitude. On déjeuna à Alby, qui est à moitié chemin, soit à deux lieues et demie d'Annecy, et on reprit la marche de même manière. A neuf ou dix jets de pierre de la ville d'Aix, on rencontra les confrères de Cham-béry, qui étaient venus au-devant de leurs aînés ; et, après un échange de salutations fraternelles, on se rendit procession-nellement à la grande église, dont un des chanoines chanta la messe et donna ensuite à baiser à tous les assistants la précieuse relique de la sainte croix. Le Père Chérubin, capu-cin, fit une très fervente prédication, à l'issue de laquelle les deux confréries firent une alliance perpétuelle de charité, et élurent pour leur commun père le prévôt de l'église de Ge-nève. Le lendemain, tout le monde se confessa et communia ; puis, après les plus touchants adieux, on se sépara, le cœur tout embaumé des émotions et des souvenirs d'un si pieux pèlerinage.

CHAPITRE DEUXIÈME.

Mission du Chablais. — Commencements difficiles (1594-1595).

EN ce temps-là, le sérénissime duc de Savoie, Charles-Emmanuel, pensait sérieusement à rétablir la religion catholique en sa province de Chablais, et aux baillages de Gex, Ternier et Gaillard, situés dans les environs de Genève. Ces pays, occupés par les Bernois et infectés de l'hérésie cal-viniste sous François Ier, roi de France, recouvrés sous

Henri II par le duc Emmanuel-Philibert, envahis de nouveau par les hérétiques l'an 1589, avaient été reconquis par Charles-Emmanuel, qui y avait laissé des garnisons de soldats catholiques, et qui avait grandement à cœur d'y rétablir la vraie foi.

A cet effet le prince écrivit à Claude de Granier pour lui demander des missionnaires. Celui-ci ayant convoqué pour ce fait une assemblée de son clergé, comme personne ne se proposait pour un si périlleux ministère, le magnanime François se leva hardiment et dit : « Monseigneur, si vous jugez que je sois capable, et que vous me le commandiez, je suis tout prêt à obéir et j'irai volontiers. » Il ne se peut pas dire combien le bon évêque fut joyeux de cette offre : aussi l'accepta-t-il avec empressement et reconnaissance.

Aussitôt le serviteur de Dieu prépara tout ce qui lui était nécessaire pour cette expédition apostolique. Il prit avec lui son très cher cousin Louis de Sales, chanoine, homme d'un esprit très clair et très doux. Il se recommanda aux prières et sacrifices de ses confrères et des autres bons ecclésiastiques et religieux du diocèse ; puis, le 9 septembre 1594, au grand regret de la ville d'Annecy, il partait fort de ses lettres de créance et de la bénédiction de son prélat.

Ses parents ne demeuraient plus à la Thuille, mais à Sales, et c'était sur son passage : il alla donc leur faire ses adieux. L'entrevue fut bien pénible et bien douloureuse ; mais il ne se laissa ébranler ni par les remontrances de son père, ni par les larmes de sa mère.

Les deux apôtres, François et Louis, reprirent leur route, et bientôt ils arrivèrent à l'entrée du Chablais. Là, ils saluèrent le bon ange de la province, le prièrent de leur être favorable, et firent un exorcisme en général contre les malins esprits qui l'habitaient. Quelques heures plus tard, ils se présentaient, avec leurs lettres de créance du duc de Savoie et de l'évêque de Genève, à la forteresse des Allinges, où commandait le baron d'Hermance, gouverneur de tout ce pays, avec une compagnie entière de soldats catholiques. Le baron, grand ami de toute la maison de Sales, leur fit l'accueil le plus affectueux ; leur montrant les canons : « Nous n'avons plus besoin de toutes ces pièces, dit-il, pourvu que les huguenots de là-bas veuillent vous écouter.» Du haut de la plate-forme on voyait la misérable face de cette province : des églises détruites, des presbytères en ruines, des potences à la

place des croix sur les chemins, des châteaux brûlés, des tours
renversées. A cet aspect, l'apostolique François, le coude
appuyé sur le parapet du bastion, ne put retenir ses larmes
et il emprunta, pour exprimer sa douleur, les lamentations
des prophètes.

Il se concerta avec le baron d'Hermance sur les moyens
de commencer sa mission. Il fut entendu que les deux missionnaires passeraient toutes les nuits dans la forteresse ;
qu'ils ne s'exposeraient pas à dire la messe en un lieu hérétique ; qu'ils se contenteraient d'abord d'aller prêcher à Thonon:
la prudence exigeait ces précautions.

On se mit donc à l'œuvre ; mais aussitôt que les Thononais
entendirent le nouvel apôtre, ivres qu'ils étaient du vin de
l'erreur, ils se répandirent contre lui en injures et en moque-
ries, l'appelant idolâtre, faux prophète et cafard. Les ministres de Genève s'alarmèrent : ils ne tardèrent pas à semer de
mauvais bruits tant contre le duc de Savoie que contre ses
envoyés. Ils osaient dire que les conditions des traités étaient
violées ; qu'il fallait chasser le papiste à coups de fouet ; ou
plutôt qu'il était permis de lui ôter la vie, comme à un pertur-
bateur du repos public. Tout autre que le magnanime François se fût effrayé de ces bruits et de ces menaces ; mais lui
les méprisait, disant à son cousin : « C'est maintenant qu'il
nous faut du courage ; mais pourvu que nous n'ayons point
de peur, vous verrez que nous obtiendrons de beaux résul-
tats. »

Il prêchait non seulement à Thonon, mais encore aux villages voisins, et cela trois ou quatre fois le jour, ou même
plus. Il marchait à pied avec un bâton, sans autre charge que
la sainte Bible et son bréviaire, imitant et représentant au vif
saint Paul dans ses pèlerinages.

Une fois qu'il traversait une forêt éloignée de la forteresse,
il y fut surpris par la nuit ; et après avoir vainement cherché
une issue, il s'arrêta sur des ruines qu'il reconnut pour être
celles d'une église. Il en prit occasion pour jeter vers le ciel
ses soupirs et ses prières ; puis, s'étant mis à l'abri sous un
reste de toit, il dormit tranquillement jusqu'au retour de la
lumière.

Une autre fois, au gros de l'hiver, étant arrivé de nuit dans
un village avec son cher cousin, il frappa vainement à toutes
les portes: aucune ne s'ouvrit devant eux. Ils furent contraints
de se jeter dans un four qui était encore un peu chaud, autre-

ment, ils mouraient de froid l'un et l'autre. En une autre circonstance qu'il pleuvait fort, ils durent passer la nuit sous l'avant-toit d'une grange.

Le serviteur de Dieu avait à subir bien d'autres épreuves. L'hiver de cette année était très rigoureux: or, pour aller des Allinges à Thonon et de Thonon aux Allinges, il lui fallait faire tous les jours deux grandes lieues à pied, parmi les hautes neiges. Souvent, de ses talons meurtris et crevassés par les engelures, le sang s'échappait en abondance, teignait la neige et marquait le chemin où il passait. Son fidèle serviteur, Georges Roland, qui ne le quittait jamais, admirait la patience de ce bon maître, et les soldats de la garnison, qui l'escortaient parfois, n'en étaient pas moins étonnés et ravis.

A son retour dans la forteresse, il enseignait aux soldats la crainte de Dieu et la piété. De concert avec le gouverneur, il vint à bout de proscrire les blasphèmes et les imprécations. Il réussit, œuvre plus difficile, à déraciner la mauvaise coutume des duels : rage et folie, désobéissance au prince, offense mortelle de Dieu, damnation des âmes, voilà ce qu'est le duel, représentait-il hardiment au baron d'Hermance. Enfin, le succès de ses exhortations et avertissements fut tel que les soldats de la place semblaient être autant de religieux.

L'église du village des Allinges se trouvait à distance du château, au pied de la montagne où il était bâti. François y prêchait quelquefois en allant à Thonon. Le 26 décembre, jour de saint Étienne, quoiqu'il n'eût pour tout que sept auditeurs, il monta en chaire et traita excellemment de l'invocation des saints et de l'honneur qui leur est dû. Parmi les personnes présentes il y avait un procureur de Thonon, nouveau converti, qui, embarrassé de doutes sur cette question du culte des saints, était résolu de retourner aux erreurs de Calvin. Mais le sermon le raffermit dans la vraie foi et l'y confirma pour jamais. L'homme apostolique, l'ayant su, remercia Dieu de lui avoir donné la volonté de prêcher ; et depuis, instruit par cet exemple, il ne négligea jamais de le faire, si petit que fût le nombre des assistants.

Mais il s'en fallut fort peu que celui qui avait si bien parlé à la louange du premier martyr ne fût martyr lui-même. Les ministres, enrageant de ce que chaque jour plusieurs des leurs passaient au parti de l'Église romaine, prêchaient publiquement de la chaire de pestilence que c'était un magicien, un sorcier et un enchanteur, et ne laissaient pas d'en imposer ainsi à la crédulité du peuple. Ils ne devaient pas s'arrêter en si beau chemin. Ils subornèrent des pendards, leur promirent une somme d'argent, leur en comptèrent une partie et leur firent prendre l'engagement de tuer le papiste. Une nuit qu'il était resté à Thonon, à cause du mauvais temps, comme il veillait seul en sa chambre à étudier ou à prier, il entendit un bruit de gens d'armes qui se parlaient bas l'un à l'autre. A l'exemple de son doux maître JÉSUS-CHRIST cherché par les Juifs, il se cacha et put se soustraire à la rage de ces furieux. Les instigateurs de ce guet-apens n'en devinrent que plus acharnés à sa perte, et ils le firent attendre par des assassins sur le chemin des Allinges. François en fut averti ; mais, obligé qu'il était de retourner à la forteresse, il accepta d'être accompagné de deux hommes, mit sa confiance au Seigneur et partit. Soudain, à la nuit tombante, deux assassins sortent d'une embuscade et se ruent sur lui, l'épée nue, en proférant des imprécations horribles. L'homme de Dieu prie ceux qui l'accompagnent de s'abstenir de frapper, et, par la majesté de son visage et la douceur de ses paroles, il arrête tellement la fureur de ces brigands qu'ils se jettent à genoux pour lui demander pardon, et se retirent après lui avoir offert leurs services.

Rentré aux Allinges, le fidèle Roland conta l'aventure au baron d'Hermance. Celui-ci alla trouver François et fit tout pour le déterminer à accepter une escorte ; mais ce fut en vain. Toutefois, il commanda à ses soldats de le suivre de loin, quand il irait prêcher, au nombre de quatre, de cinq, de six et davantage, selon les occasions.

Il ne se passa pas beaucoup de temps sans que les nouvelles de tous ces dangers vinssent aux oreilles du seigneur de Sales. Dans l'appréhension qu'il avait de la mort de son fils, il ne cessait de le presser d'abandonner cette entreprise. Mais le généreux apôtre anéantissait d'un mot tous les arguments de son père, et il continuait avec le même zèle à combattre le bon combat.

Le seigneur de Sales exaspéré s'en fut alors à Annecy trouver le révérendissime évêque. Il se lamenta fort amèrement de ce qu'on avait envoyé son fils aîné comme une brebis au milieu des loups. Il disait que, si son fils devait être un saint, il le voulait plutôt confesseur que martyr. Enfin il demanda qu'on se contentât de ce que le prévôt avait fait, sans exiger davantage. Le bon évêque eut de la peine à l'apaiser ; il lui remontra pourtant, d'après les lettres mêmes de son fils, que la moisson dans ce pays avait déjà belle apparence, et qu'il ne fallait pas qu'on pût dire du prévôt, comme de cet imprudent de la parabole : « Cet homme a commencé de bâtir, et il n'a pas pu achever. »

Le prélat toutefois, et aussi le sénateur Favre écrivirent à François conformément aux désirs de son père. Dans ses réponses, celui-ci reconnaissait l'opiniâtreté de ce peuple. « Elle est telle, disait-il, que la plupart se sont concertés pour ne point aller aux prédications catholiques. » Il ajoutait que cette entente procédait moins encore de leur mauvaise volonté que de leur lâcheté et de leur crainte d'être maltraités par les Bernois et les Génevois. « Ah ! continue-t-il, ils ne veulent point nous entendre ! Ils voudraient nous ôter l'espérance d'aboutir à rien et ainsi nous amener à déserter le poste. Mais la chose ne va pas de la sorte avec nous ; car, aussi longtemps que nous y serons autorisés par la puissance ecclésiastique et séculière, c'est notre résolution bien arrêtée de travailler à cette besogne, de remuer tous les moyens, de prier, de conjurer, d'exhorter, d'inculquer, de reprendre, de crier et prêcher avec toute la patience et doctrine que Dieu nous donnera. Et, outre les prédications, je soutiens qu'il faut au plus tôt établir au milieu d'eux le sacrifice de la messe ; nous montrerons de la sorte à l'ennemi que plus il essaie de nous ôter de courage, plus Dieu nous en donne. »

L'évêque de Genève et le sénateur Favre, admirant sa fermeté et sa persévérance, ne songèrent plus à lui parler de retour, mais lui conseillèrent de demeurer jusqu'à ce qu'il eût vu le fruit de ses travaux, ou jusqu'à ce que l'incurable endurcissement de ce peuple fournît à sa retraite une excuse honorable et universellement approuvée. Ils s'employèrent aussi près du seigneur de Sales, et ils firent si bien qu'ils ôtèrent à ce bon père les alarmes dont son âme était troublée au sujet de son fils bien-aimé.

CHAPITRE TROISIÈME.

Premiers succès de la mission du Chablais. — Nouveaux obstacles. — François est appelé à Turin (1595-1596).

L'HOMME apostolique continua donc de travailler à la conversion du Chablais ; et, voyant que le nombre de ses enfants était déjà tel qu'il pouvait faire une médiocre paroisse, il résolut de se fixer à Thonon, pour être plus à portée d'instruire, de fortifier et de secourir les néophytes. Le baron d'Hermance approuva son dessein, non sans ressentir un vif regret que sa forteresse fût privée de la présence d'un si grand personnage. Une noble veuve, Jeanne du Maney, retirée à Thonon, qui avait déjà maintes fois hébergé le bienheureux François dans sa maison, lui offrit généreusement une portion de son logis pour y demeurer. Le serviteur de Dieu accepta l'offre avec reconnaissance.

Les pauvres catholiques en furent comblés d'une joie extrême: car, disaient-ils, nous ne devons plus craindre si fort la rage des loups, puisque notre pasteur est auprès de nous qui veillera soigneusement. De fait il n'oubliait rien pour bien cultiver le jardin de leurs âmes. Outre les prédications, il visitait les malades et pourvoyait aux nécessités d'un chacun tant du corps que de l'âme. Il entendait les confessions ; et, quoiqu'il ne pût pas encore porter ouvertement le très saint Viatique, il avait trouvé moyen d'accomplir cet office avec tout le respect dû à un si grand sacrement et avec une décence parfaite. Il avait fait faire une boîte d'argent, avec des chaînettes de même métal pour la suspendre au cou ; et, ayant assemblé ses enfants, il leur avait dit : « Voyez-vous, c'est ici que nous mettrons le corps de notre doux Maître et Sauveur, quand nous voudrons le porter aux malades. Mais prenez garde à ceci : toutes fois et quantes vous me verrez marcher gravement, couvert de mon manteau et ne rendant à personne le salut avec le chapeau, ce sera le signe que je porterai avec moi le Roi de Majesté : alors suivez-moi sans faire semblant de rien, et je vous conduirai au malade. » Aussitôt donc que ces pauvres catholiques voyaient leur pasteur s'avancer de la sorte, ils le suivaient, ou plutôt ils suivaient le Saint-Sacrement, et, étant arrivés à la chambre du malade, ils adoraient à genoux Jésus-Hostie, pendant que François accomplissait les rites sacrés. Un jour qu'il allait ainsi, il rencontra un personnage de marque, qui l'accosta pour lui parler. Mais le serviteur de Dieu lui dit à l'oreille : « Je porte avec moi le Roi des rois et le Seigneur des seigneurs ; veuillez donc vous retirer pour le moment ; nous parlerons de vos affaires une autre fois. » Or, en portant ce pain de vie, il allait tout pantelant par la force du divin amour, et à peine pouvait-il s'abstenir de pleurer. « O Seigneur ! disait-il, dominez maintenant, et régnez au milieu de vos ennemis. » Puis passant à la considération de sa misère, il proférait avec des soupirs ces paroles ou d'autres semblables : « Le passereau a trouvé sa maison, et la tourterelle son nid pour déposer ses poussins. Oui donc, ô Reine du ciel, ô très chaste tourterelle, se peut-il bien faire que votre poussin ait choisi ma poitrine pour être son nid ! Mon bien-aimé est à moi, et moi à lui ! »

Aux actes de la piété il ajoutait de bonnes aumônes ; il distribuait très libéralement aux pauvres tout ce qu'il pouvait prendre sur son entretien. Quand il n'avait plus rien à donner et qu'il se trouvait presque réduit lui-même à l'extrême pauvreté, il écrivait à sa mère et la priait de lui envoyer quelque chose pour faire des aumônes. Cette bonne dame ne manquait pas d'envoyer à son très cher fils l'argent qu'elle avait pour lors en sa disposition, et le charitable François le distribuait tout aux pauvres.

Son zèle pour la célébration des saints mystères ne servait pas peu à confondre les hérétiques et à confirmer les nouveaux convertis. Cette seconde année l'hiver était encore très rigoureux : le pont de pierre sur la Drance s'étant rompu par le milieu, il n'y avait rien qu'un ais pour donner passage aux gens de pied ; mais quelquefois il était tellement couvert de glace qu'il faisait horreur à ceux qui se présentaient pour passer. Que faisait le serviteur de Dieu ? S'il voulait célébrer la messe, il fallait bien qu'il passât pour aller à l'église de Saint-Étienne, au village catholique de Marin. Il faisait donc premièrement le signe de la croix, et puis se mettait comme à cheval sur cet ais : et, rampant de pieds, de genoux et de mains, il se poussait ainsi à l'autre extrémité. Après la messe, il retournait à Thonon de la même manière, non sans un profond étonnement de ceux qui le voyaient.

Il prêcha encore le second carême à Thonon, et non seulement là, mais aussi aux villages voisins. Il le fit avec tant de force, de doctrine et de piété, qu'enfin la curiosité fit naître un irrésistible désir de l'entendre chez des hérétiques jusque-là obstinés. Il en écrivit à son grand ami le sénateur Favre : « Il s'en manqua fort peu hier, lui disait-il, que monsieur d'Avrilly et les syndics de la ville ne vinssent ouvertement à ma prédication, parce que je devais traiter du très auguste sacrement de l'Eucharistie. Ils avaient une si grande envie d'entendre de ma bouche sur ce mystère les sentiments et les raisons des catholiques, que ceux qui n'osèrent pas encore venir publiquement, m'entendirent d'un certain lieu secret, si toutefois ma voix put parvenir à leurs oreilles. » Il ajoutait qu'il avait provoqué les hérétiques et leurs ministres à une joute sur les points de controverse, et qu'il attendait merveille de ce défi, le relevassent-ils, ou non.

Le ministre de Thonon était pour lors Louis Viret, homme non pas docte, mais rusé, malicieux et tout propre à tromper les âmes simples. Il avait souvent mal parlé du serviteur de Dieu, soit en particulier, soit même en pleine chaire, disant que François de Sales n'était pas si docte qu'il semblait au premier abord, mais que c'était plutôt un sophiste et un rhéteur. Un des siens le prenant à partie sur ces propos : « Ça donc, lui dit-il, que ne l'attaquez-vous en dispute ? Pourquoi souffrez-vous qu'il fasse plus longtemps l'insolent en cette ville ? Il s'est vanté d'avoir de si forts arguments qu'il défie même le diable d'y pouvoir répondre : faites qu'il les expose, afin que, si la raison est de son côté, nous ne demeurions pas dans une créance opposée. Il dit que nous n'avons point de courage, et nous accuse de pusillanimité : mesurez-vous avec lui une fois pour toutes. Et de vrai, monsieur, il y va de votre honneur et de votre intérêt. » Viret, aiguillonné par de telles remontrances, convoqua ses confrères les ministres de la province, et tous résolurent d'accabler le papiste à force de disputes. Le principal soin de l'attaque fut confié à Viret ; les autres furent chargés de lui suggérer et souffler les arguments par derrière.

Le jour de l'assignation étant venu, et toute la ville de Thonon étant réunie pour voir la fin de cette dispute, le généreux apôtre François comparut fort bien au milieu de l'assemblée, où il attendait l'assaut d'un pied ferme ; mais les ministres, qui ne croyaient pas qu'il eût le courage de leur tenir tête tout seul, se dérobèrent, et, pour sauver les apparences, ils envoyèrent le sieur Viret avec charge de déclarer :

qu'ils étaient véritablement prêts à la dispute ; seulement que, toute réflexion faite, ils ne jugeaient pas à propos de commencer une chose si importante sans l'expresse permission de Son Altesse. Le seigneur prévôt rit de cette excuse, prit à témoin les assistants comme il ne tenait pas à lui que la dispute ne se fît, et s'engagea à obtenir toute sorte de permission. En effet, il alla sur-le-champ trouver le baron d'Hermance qui, par son autorité de gouverneur de la province, lui remit un papier écrit de sa main et scellé de son sceau, par lequel il donnait toute permission aux ministres de disputer et conférer avec le seigneur prévôt de Sales, en public, en particulier, dans la ville, hors la ville, quand et comment il leur plairait. Mais ce fut en vain : chaque jour ils imaginaient de nouvelles excuses pour ne point entrer en lice. Cette poltronnerie fut fort dommageable à l'hérésie, et avança notablement les affaires de la religion catholique.

Au milieu de tant d'occupations, le fervent apôtre ne laissait pas de travailler à son propre avancement spirituel. Surtout il pratiquait très parfaitement la sainte humilité ; il passait quelquefois les nuits entières en oraison, et Dieu le remplissait de suavités et consolations célestes. Un jour entre autres, le 25 mai, où l'Église célébrait la Fête-Dieu, à trois heures du matin, comme il méditait profondément sur le très auguste sacrement de l'Eucharistie, il fut ravi de tant de douceur, inondé de tant de délices, qu'il se jeta la face contre terre en s'écriant : « Seigneur, retenez les ondes de votre grâce ; retirez-vous de moi, parce que je succombe à l'excès de vos divines largesses. » Ainsi abreuvé de ce torrent de volupté sainte, il s'en alla célébrer la sainte messe ; puis il monta en chaire, le visage tout rayonnant, et de son cœur embrasé s'échappèrent des paroles de flamme, qui portèrent chaleur et lumière au cœur de ses auditeurs.

Le vertueux François commençait à recueillir la récompense de ses travaux. Plusieurs Thononais avaient enfin ouvert les yeux à la vérité de la doctrine catholique, entre autres un très docte et très consommé jurisconsulte, Pierre Poncet, avocat de Gex. Celui-ci alla souvent voir l'homme de Dieu en particulier, pour lui proposer ses doutes et en recevoir la solution ; après avoir ainsi chassé tous les nuages de son esprit, et après s'être élevé au-dessus des intérêts et du respect humain, il fit publiquement et devant témoins son abjuration à Thonon, entre les mains de son apôtre.

Cet exemple fit une grande impression, parce que Poncet était en grande estime dans ces quartiers-là. Quant aux Génevois, ils furent consternés de cette défection, et, pour en atténuer l'effet, ils eurent l'impudence d'assurer que le transfuge, en châtiment de sa faute, était possédé du diable qui le tourmentait très cruellement, et que le prévôt de Sales veillait jusque bien avant dans la nuit pour faire des exorcismes secrets sur sa personne. Ils répandaient des bruits semblables sur le sieur de Sponde, disant qu'après s'être retiré de leur réforme il était devenu fou furieux. Heureusement le serviteur de Dieu reçut alors même un écrit tout nouveau de cet homme, qui s'y montrait en pleine possession de son bon sens. Alors il dit hardiment à son peuple : « Voyez-vous, Messieurs, la bonne foi de ceux de Genève ? »

Mais à propos de cette conversion de l'avocat Poncet, il vint à François des félicitations de toute part. Il en reçut du Père Antoine Possevin de la Compagnie de JÉSUS, son ancien directeur à Padoue, et du Père Chérubin de Maurienne, capucin, qui étaient tous deux alors à Chambéry, où le baron d'Hermance publiait hautement la nouvelle de ce beau triomphe. Il en reçut également du révérendissime évêque Claude de Granier ; le bon prélat lui envoyait de beaux présents en objets de piété, et, dans ses lettres, il l'appelait véritablement son fils, le bâton de sa vieillesse, voire son bâton pastoral qui lui ramenait ses brebis égarées : puis, il l'exhortait à la persévérance, après avoir si bien commencé ; et enfin il lui donnait derechef sa bénédiction.

Cependant, Antoine de Saint-Michel, seigneur d'Avully, qui déjà naguère avait entrevu un rayon de la vraie lumière à la première prédication du bienheureux François, excité par l'exemple de l'avocat Poncet, indigné de la couardise des ministres, commença à concevoir une mauvaise opinion de la doctrine de Calvin. Il vint entendre le prévôt de Sales, et bientôt il eut avec lui des entrevues particulières sur les points de controverse. Pour être moins dérangés dans leurs conférences, ils se donnèrent rendez-vous dans une clairière au milieu d'une forêt, à une lieue de Thonon. Ils s'y rencontraient presque tous les jours, et disputaient quelquefois deux et trois heures. A la fin, le seigneur d'Avully, forcé jusqu'en ses derniers retranchements, réduisit par écrit tous les arguments les plus forts qui convainquaient son esprit, et les envoya aux ministres de Berne et de Genève : il leur protestait que, s'ils ne lui répondaient sérieusement, solidement et complètement, il renoncerait à tout ce qu'il avait appris d'eux. François laissa faire ; mais il ne vint point de réponse des ministres. Alors, le brave seigneur revint trouver l'homme de Dieu, compléta son instruction, et ne songea plus qu'à rentrer au giron de la vraie Église. Mais il voulut que tout le peuple fût présent à l'acte solennel de sa conversion ; c'est pourquoi, ayant fait au préalable une confession générale aux pieds de celui qui l'engendrait de nouveau à Jésus-Christ, en présence de tous les Thononais et même de plusieurs Génevois, il detesta publiquement les erreurs de Calvin, et, tout comblé de joie, proclama qu'il était catholique, apostolique et romain.

Plusieurs hérétiques profitèrent de cet exemple pour rentrer dans le bercail du vrai Pasteur des âmes : en peu de temps le nombre des abjurations se multiplia d'une manière étonnante ; et il n'y avait qu'une voix pour dire que, par le retour de ce seigneur, l'hérésie était renversée, et qu'il fallait qu'elle pensât à se retirer du Chablais. De son côté, le généreux cavalier chantait partout les louanges du bienheureux François, et employait tous ses soins pour défendre la foi qu'il avait embrassée, et pour combattre celle qu'il avait rejetée. Mais les Génevois disaient qu'il avait été enchanté par le magicien et sorcier de Sales ; et le ministre Antoine de la Faye, après avoir essayé tous les moyens de le faire retomber dans l'abîme, lui promit de s'en aller à Thonon et de lui montrer plus clair que le jour, en présence du prévôt, combien vains et futiles étaient les arguments auxquels il s'était laissé séduire. Mis en demeure de tenir sa promesse, le ministre se déroba : il refusa toujours de se présenter, malgré les sommations qu'on lui en fit. Alors le magnanime François jugea à propos d'aller l'attaquer. Il prit avec lui le seigneur d'Avully, son cousin Louis de Sales et quelques autres témoins, et partit pour Genève.

Aussitôt arrivés, ils se rendirent à la maison du ministre de la Faye, qui fut bien étonné et bien déconcerté : toutefois, s'il ne voulait être exposé à la risée des petits et des grands, il lui fallait accepter l'offre de la dispute. Le seigneur prévôt lui laissa le choix des points de controverse. Trois heures durant on batailla sur l'unité de l'Église, sur le saint sacrement de l'Eucharistie, sur les bonnes œuvres, le purgatoire,

GENÈVE.

l'invocation des saints. Le ministre, poussé à bout et ne sachant plus où donner de la tête, finit par répondre des injures aux raisons du champion catholique. Alors le seigneur d'Avully éclata en reproches, et se lamenta avec amertume de ce que les ministres l'avaient trompé si longtemps. Depuis, il fit un très beau livre de sa conversion à la vraie foi ; et François ne tarda pas d'en écrire, non seulement à l'évêque de Genève, mais encore au duc de Savoie et au Pape lui-même : ce dernier, par un bref du 20 septembre 1596, envoya au nouveau converti ses félicitations les plus affectueuses avec sa paternelle bénédiction.

Entre temps, le serviteur de Dieu continuait de mettre une ample moisson dans les greniers de l'Église. Les plus sages accouraient pour abjurer l'hérésie. Lui, du reste, n'épargnait rien pour procurer et hâter la conversion du Chablais. Ce que sachant, le sérénissime duc l'assura par lettres de sa bonne volonté, et lui demanda les moyens les plus propres à mener à bien cette grande œuvre. Le seigneur prévôt indiqua entre autres moyens : l'assignation d'un revenu certain pour l'entretien d'un bon nombre de prédicateurs, qui n'aient d'autre souci que de porter au peuple la sainte parole de Dieu ; le relèvement et l'ornementation des églises, avec l'établissement de revenus suffisants pour les curés qui en auront la charge, et cela surtout à Thonon et aux Allinges ; enfin, la fondation d'un collège de Jésuites.

Sur ces entrefaites, le baron d'Hermance passa de cette vie à une meilleure, et Son Altesse mit en sa place Pierre Jérôme de Lambert, seigneur à la vérité très bon, mais qui ne possédait pas les cœurs des Chablaisiens comme le défunt baron ; et le bienheureux François fut chargé de nouveaux et plus grands soins.

Le Saint-Siège lui envoya par l'entremise du Père Esprit de Baumes, capucin, l'ordre de faire quelques démarches auprès du trop fameux Théodore de Bèze, pour tâcher de ramener à la vraie foi cet hérésiarque, le second antéchrist de la babylonienne Genève. En même temps il recevait de Son Altesse sérénissime des lettres qui lui commandaient de se transporter sans retard à Turin, pour exposer plus amplement les moyens qu'il jugeait les plus propres au rétablissement de la religion catholique en Chablais. Après mûre délibération, il crut devoir profiter d'abord de la bonne volonté du prince temporel, dans l'espoir que le succès de son voyage le mettrait à même de seconder plus efficacement les vues du Souverain Pontife.

On était à la fin du mois de novembre, et le froid sévissait avec rigueur : néanmoins il ne laissa pas de se mettre en chemin par les Alpes Pennines. Avant d'arriver au lieu où saint Bernard de Menthon fonda un monastère ou hôpital, il fut assailli d'une violente tempête : les vents faisaient rage,

Monastère du Mont Saint-Bernard.

la neige tourbillonnait et comblait tous les chemins ; il ne savait où il allait, il était transi de froid, et son cheval même pouvait à peine le porter. Enfin il arriva au monastère plus mort que vif. Les religieux s'empressèrent à l'entourer de soins, et tâchèrent de le retenir jusqu'à ce que la furie des éléments fût apaisée ; ils racontaient que, les jours passés, on avait trouvé par les chemins des hommes morts gelés : ce qui effrayait fort le sieur Roland, son fidèle serviteur et compagnon ; mais lui, tout embrasé du zèle du salut des âmes, dit qu'il fallait passer outre et s'abandonner à la providence divine. La Providence ne lui manqua pas, et il parvint heureusement à Turin.

Le duc le reçut avec joie ; et, ayant réuni son conseil privé, en présence du nonce apostolique, il le pria de dire son avis sur ce qu'il y avait à faire pour l'entière conversion du Chablais. Le prévôt de Sales répéta alors de vive voix à Son Altesse ce qu'il lui en avait déjà précédemment écrit ; puis il ajouta : 1º qu'il fallait entretenir dans le pays au moins huit prédicateurs libres et dégagés de tout autre soin, avec un revenu annuel de cent écus d'or (¹) chacun ; 2º qu'il était nécessaire d'établir quinze ou seize curés, qui administreraient à la fois plusieurs paroisses, et qui, ayant besoin pour cela de vicaires, ne pourraient se passer de moins de cent soixante écus d'or ; 3º qu'à Thonon, pour la solennité des offices, il faudrait un curé qui fût accompagné de six prêtres, et qui reçût quatre cents écus d'or pour lui et ses coopérateurs ; qu'il y faudrait aussi ouvrir une école catholique, si l'on ne pouvait de si tôt y établir un collège de Jésuites ; 4º qu'il serait bon de laisser au peuple nouvellement converti quelque forme de ce consistoire, où sont corrigés de paroles et même de quelque légère peine les vices que le magistrat n'a pas coutume de châtier : à la réserve que ce consistoire, au lieu d'être composé, comme celui des huguenots, presque entièrement de laïques avec un laïque pour président, le serait mi-partie d'ecclésiastiques et mi-partie de laïques vieux, graves et de réputation, sous la présidence d'un des prédicateurs désigné par l'évêque. Après cela, il fit encore connaître d'où l'on pourrait tirer quelques ressources pour l'entretien des curés et prédicateurs et pour la restauration des églises ruinées ; il indiqua quelques bons moyens de combattre la pernicieuse influence de Genève, de cette ville qu'il appelait le siège de Satan, la cité capitale du calvinisme, l'arsenal de l'hérésie et le réceptacle de tous les apostats ; enfin il appela l'attention de Son Altesse sur l'état de misère et de dénûment où se trouvaient réduits les pauvres chanoines de l'église cathédrale de Saint-Pierre de Genève.

Le duc loua grandement la sagesse de l'homme de Dieu, et lui promit de procurer de tout son pouvoir le bien de la

---

1. L'écu d'or valait 3 frs. 68 centimes.

religion. Il l'autorisa provisoirement à établir six curés ; il fit aussi des ordonnances portant, entre autres choses, sa volonté que la messe fût célébrée dans la grande église de Thonon, et que les biens ecclésiastiques fussent restitués aux curés.

Muni de ces lettres et d'autres encore, le bienheureux François revint à Thonon par le chemin du petit Saint-Bernard.

CHAPITRE QUATRIÈME.

Nouveaux succès de la mission du Chablais. — Conférences avec Théodore de Bèze (1596-97).

LES nouveaux catholiques tressaillirent de joie en apprenant ce que leur apôtre avait fait pour eux. Mais les hérétiques grinçaient de rage ; et lorsque le bruit fut répandu par la ville que la messe devait être rétablie : « C'est ce que nous verrons, disaient-ils, et nous saurons bien l'empêcher. » Le serviteur de Dieu ne tint pas compte de ces menaces ; il prit des ouvriers, et leur assigna le jour pour réparer l'église de Saint-Hippolyte et pour y dresser un autel. Le peuple, excité par les principaux hérétiques, accourut à la place de l'église, attendant avec armes et bâtons pour arrêter cette sainte entreprise. Les catholiques s'étaient aussi armés pour secourir leur apôtre. Déjà l'on redoutait une mêlée sanglante, quand apparut l'invincible homme de Dieu avec un visage riant et serein : la majesté de son visage et la douceur de ses paroles fléchirent tellement les cœurs des impies que, tout en vomissant mille menaces, ils laissèrent libre l'entrée de l'église. Mais les syndics et conseillers de la ville ne se laissèrent point étonner ; et, voyant que le temple était ouvert, ils entrèrent pour empêcher les travaux avec plus de violence. Le seigneur prévôt, sans s'émouvoir, leur montra les lettres qui l'autorisaient à faire ce qu'il faisait, traita leur opposition de rébellion et de crime de lèse-majesté, les menaça de la colère du duc, et protesta qu'il érigerait quand même un autel et qu'il y célébrerait la messe ; il ajouta qu'ils pouvaient en écrire à Son Altesse, comme il allait le faire lui-même. Lui voyant tant d'assurance, ils n'osèrent plus le troubler et se retirèrent.

François envoya néanmoins un message au duc de Savoie; et cependant il acheva ce qu'il avait commencé, encourageant les ouvriers par sa présence ; il orna l'église le mieux qu'il lui fut possible, et, la nuit de Noël, il y célébra le très saint sacrifice de la messe devant ses enfants qui pleuraient de joie ; la messe achevée, du milieu de l'autel, il leur parla de cette divine naissance avec tant de force et d'onction, qu'il embrasa leurs cœurs des saintes flammes de la charité. Il dit la messe de l'aurore à l'aube du jour; à sa troisième messe, sur les dix heures, les catholiques des villages voisins se joignirent à ceux de Thonon, de sorte que l'assistance fut de sept à huit cents personnes. Depuis, le nombre des néophytes crut de jour en jour, et il fallut établir plusieurs paroisses. Il pourvut· la cure des Allinges, donna celle de Brens à son cher cousin et fidèle coadjuteur Louis de Sales, et se réserva la charge de l'église de Thonon.

Bientôt arriva la réponse de Son Altesse à la lettre qu'il lui avait adressée. Il en fit la lecture en présence des principaux de la ville, qui virent bien que le duc était tout favorable à l'homme de Dieu. Aussi toutes les oppositions et entraves cessèrent ; bien plus, beaucoup pensèrent à imiter ceux qui étaient retournés à la foi de leurs ancêtres.

Cependant ce pasteur infatigable songeait aux moyens de tenter Théodore de Bèze, selon le commandement qu'il en avait reçu du Souverain Pontife. Il recommanda la chose aux prières et sacrifices du révérendissime évêque, de ses confrères les chanoines, des bons prêtres et des bons religieux ; puis, résolu d'affronter même le martyre, il partit en compagnie de son serviteur Roland, et se rendit à Genève.

Théodore de Bèze était un vieillard d'environ soixante-dix ans, d'un visage majestueux et d'une gravité affectée. Le seigneur prévôt, introduit près de lui dans une grande salle, l'eut bientôt charmé par sa politesse exquise et ses manières aimables. L'hérésiarque fit passer son visiteur dans sa chambre et le combla de prévenances. Enhardi et mis à l'aise par ces procédés : « Il y a déjà fort longtemps, lui dit François, que je désire conférer avec vous, et j'espère que vous ne refuserez point de me dire votre sentiment sur les choses que j'ai résolu de vous proposer en toute candeur et franchise. » Sur une réponse engageante de son interlocuteur : « Monsieur, ajouta-t-il, peut-on faire son salut dans l'Église romaine ? »

Bèze se trouva surpris : il ne s'attendait pas à pareille
question. Il tint quelque temps les yeux fichés en un coin
de la chambre, puis demanda de pouvoir réfléchir avant de
répondre. Là-dessus il passa dans son cabinet, où il se mit à
marcher d'un pas fiévreux et saccadé. Au bout d'un quart
d'heure le vieillard revint tout pâle et défait, et, après s'être
excusé d'avoir tant tardé : « Monsieur, dit-il, je veux vous
ouvrir mon cœur avec la même franchise qu'il vous a plu de

Théodore de Bèze.

m'ouvrir le vôtre. Vous m'avez demandé si l'on pouvait faire
son salut dans l'Église romaine ; je vous réponds : oui, cer-
tainement ; et on ne peut pas nier qu'elle ne soit la Mère-
Église. » — « Fort bien, lui répondit le seigneur prévôt ;
mais, puisqu'on peut faire son salut dans l'Église romaine,
pourquoi donc avez-vous établi votre prétendue réforme, en
France par exemple, avec tant de séditions, de guerres, de
ruines, d'incendies, de rapines et de meurtres ? »

Bèze, saisi d'horreur au souvenir de ces maux innombrables dont il avait été l'un des principaux auteurs, poussa un grand soupir, et répondit d'une voix tremblante : « Nous avons voulu rendre le chemin du ciel plus facile aux fidèles ; car vous dites que les bonnes œuvres sont nécessaires au salut, tandis qu'elles sont seulement de bienséance ; et les peuples, croyant à cette nécessité des bonnes œuvres et ne les faisant pas, se damnent misérablement. Pour nous, nous avons établi, comme base de notre croyance, que la foi sauve sans les œuvres, que les bonnes œuvres ne sont point nécessaires au salut, mais seulement de bienséance, comme je vous l'ai déjà dit. » — « Mais, repartit le champion catholique, pourquoi donc Notre-Seigneur JÉSUS-CHRIST, parlant à ses apôtres du dernier jugement, ne fait-il point mention des péchés commis, mais dit-il seulement qu'il condamnera les mauvais parce qu'ils n'auront pas fait les bonnes œuvres ? Voici ses paroles : *Allez, maudits, au feu éternel, qui a été préparé au diable et à ses anges : car, j'ai eu faim, et vous ne m'avez point donné à manger ; j'ai eu soif, et vous ne m'avez point donné à boire ; j'étais étranger, et vous ne m'avez pas logé ; j'étais nu, et vous ne m'avez pas couvert ; j'étais malade et en prison, et vous ne m'avez point visité.* Ne voyez-vous pas que, pour avoir manqué aux bonnes œuvres, on encourt la damnation éternelle ? Si elles n'étaient que de bienséance, comme vous dites, pensez-vous que ceux qui ne les auraient pas faites fussent punis d'une peine si rigoureuse ? J'attends, Monsieur, que vous me donniez une bonne réponse à cette difficulté, ou bien que vous vous rangiez à mon sentiment. »

Bèze s'étudiait à paraître toujours grave et stoïque ; mais, à ce moment, il perdit contenance ; la rougeur lui monta au visage, et, furieux d'être mis au pied du mur, il se répandit en paroles grossières et injurieuses. « Monsieur, lui dit François avec un calme imperturbable, je ne suis point venu pour vous faire de la peine : à Dieu ne plaise ! J'étais seulement venu pour conférer avec vous de quelques points de contro-verse, et vous exposer tout franchement mes petites objections, espérant que vous m'en diriez votre sentiment ; mais, puisque cela vous irrite, je vous prie de m'excuser, et je vous promets de ne plus amener le discours sur le terrain de la contro-verse. »

Le vieillard, confus de son emportement, essaya de le justifier par l'impétuosité de sa nature, et par le zèle dont il était embrasé pour sa religion. Il conjura même le serviteur de Dieu de revenir souvent, et l'assura qu'il lui ferait toujours bon accueil.

Telle fut la première entrevue de François et du malheureux Théodore de Bèze : elle avait duré trois heures. A sa sortie, il fut regardé de mauvais œil par les serviteurs du ministre et par d'autres personnes qui faisaient antichambre, et on ne tarda pas à répandre sur son compte les bruits les plus désavantageux. Cela n'empêcha point qu'ayant rencontré dans la rue un soldat des Allinges, sur ses indications il se rendit aussitôt près d'un moribond catholique, qui était logé dans la maison d'un hérétique : là, après avoir consolé le malade, il pria impérieusement ceux qui étaient dans la chambre de se retirer ; puis il confessa ce pauvre homme et lui donna l'absolution sacramentelle, lorsqu'il avait l'âme presque sur les lèvres.

A son retour à Thonon, le bienheureux François se demanda longtemps devant Dieu à quoi aboutirait la tentative qu'il avait faite pour convertir Théodore de Bèze. Bien des motifs le faisaient douter du succès. Toutefois il n'en désespérait pas tout à fait ; car il se ressouvenait que Dieu *ne veut point la mort du pécheur, mais qu'il se convertisse et qu'il vive.*

Il écrivit au Souverain Pontife, pour lui rendre compte de cette première démarche. Il lui disait que, tout entêté et endurci que fût l'hérétique, on pourrait peut-être le ramener au bercail de JÉSUS-CHRIST, si on arrivait à lui parler plus fréquemment et plus commodément, et surtout si on établissait à Genève, du consentement de Sa Sainteté, des disputes publiques avec les ministres. Il ajoutait que les Génevois tyrannisaient les peuples voisins, et les empêchaient soit de renoncer à l'erreur, soit de vivre en catholiques, et cela au nom du roi très chrétien ; que, si Sa Sainteté avertissait Henri IV de ce qui se passait, ce prince, qui venait de rentrer avec éclat dans la communion catholique, y mettrait promptement bon ordre, et forcerait ceux de Genève à respecter la liberté de conscience des autres.

Cependant les ministres du Chablais, de plus en plus acharnés contre lui, imaginèrent d'engager des sténographes et de les payer pour écrire ses prédications, afin d'avoir sujet de le surprendre en ses discours, s'ils y trouvaient par hasard quelque chose de contradictoire ou d'un peu attaquable. Mais leur argent fut mal employé ; car l'homme apostolique pre-

nait tant de garde à ce qu'il disait et préparait si soigneusement ses matières, qu'il n'y avait aucun moyen de le reprendre
ni pour le fond ni pour la forme.

Une chose pourtant désolait alors le bienheureux François :
c'était que les Thononais hérétiques ne venaient point, ou ne
venaient que rarement entendre ses instructions. Aussi pensa-
t-il à mettre par écrit les principales et les plus solides preu-
ves de la foi catholique, et même à faire des livres ou des
traités pour montrer lumineusement aux calvinistes qu'ils
étaient hors de la voie du salut. « Ces écrits, disait-il, auront
quatre principaux avantages : 1° ils porteront chez vous ce
que vous refusez de venir prendre chez nous ; 2° ils satisferont
ceux qui, ne sachant pas répondre à mes raisons, désiraient
pouvoir les présenter aux ministres, afin de voir si elles ne
pâliraient point, ou plutôt si elles ne s'en iraient point à
néant ; 3° quand vous les tiendrez à loisir entre vos mains,
vous considérerez aussi plus profondément et avec plus
d'attention le poids de nos raisons ; 4° ils vous prouveront
que je ne dis rien à Thonon que je ne sois prêt à dire librement à Annecy, ou même à Rome, s'il en était besoin. » Ceci
était à l'adresse de ceux qui, ne connaissant la foi catholique
que par les impostures des ministres, jugeaient son enseignement bien éloigné et bien différent de la doctrine des
papistes.

Le serviteur de Dieu se mit incontinent à l'œuvre : de
tous ses travaux, il ne nous est resté qu'un petit nombre de
cahiers, écrits sous l'inspiration du moment. Il y traite, avec
une science merveilleuse, des marques de la véritable Église,
de l'Écriture comme règle de la foi chrétienne, des traditions
apostoliques, de la primauté de saint Pierre et de ses
successeurs, et de la prééminence de l'Église romaine, etc....

Il a écrit aussi un livre de la *Démonomanie* ou des *Éner-
gumènes*, qu'il n'a pourtant pas publié, on ne sait pourquoi :
il y établit la réalité et la nature des communications du
démon avec l'homme, et la puissance de l'Église contre les
diables, puissance qu'elle tient de JÉSUS-CHRIST. Du reste,
il les chassait du corps des possédés avec un succès merveilleux ; et les ministres, dans leur dépit de n'en pouvoir
faire autant, ne trouvaient rien de mieux à dire sinon que
c'était un sorcier et un magicien. Mais tout cela tournait à
leur confusion. L'apostolique François eut bientôt fait aussi
de réduire au silence le prédicant Viret qui, avec un léger

bagage de doctrine et quelques termes de logique qu'il ne comprenait même pas, réussissait à en imposer aux ignorants de Thonon ; et, s'il ne put amener ce peureux à une dispute publique, il le pressa par écrit de si forts arguments que le pauvre homme fut contraint de se dédire ignominieusement même devant les siens, et de reconnaître l'infirmité de sa science.

Alors Pierre Fournier, premier syndic de Thonon, toute réflexion faite, s'adressa au bienheureux François pour être instruit en la religion catholique, détesta les erreurs de Calvin, et demanda instamment d'être admis à la communion de l'Église romaine. L'apôtre, vu la qualité de son néophyte, résolut de le mener publiquement et solennellement à l'église de Saint-Hippolyte : il convoqua tous ses nouveaux catholiques à cette cérémonie, et lui-même conduisit le syndic. Mais, sur le passage du cortège, les hérétiques firent pleuvoir une grêle de pierres : le serviteur de Dieu en reçut comme les autres. Toutefois, sans s'émouvoir, le visage serein et les yeux riants, du haut des degrés du temple, il fit entendre à ces furieux de bonnes paroles qui les calmèrent comme par enchantement: ceux qui avaient l'expérience des mouvements populaires, protestèrent qu'il avait fait un miracle. Le sieur Fournier, après avoir abjuré l'hérésie, se confessa et communia ; puis il déclara qu'il ne fallait plus appeler la ville de Thonon hérétique, lui ne l'étant plus, mais qu'il fallait l'appeler catholique ; et il voulut qu'on en donnât la nouvelle à Sa Sainteté, comme aussi au duc sérénissime et à l'évêque de Genève. Ce retour du premier syndic à la vraie foi devait beaucoup faciliter l'ouvrage de la conversion du Chablais.

Sur ces entrefaites arriva le temps du carême qui n'était plus connu à Thonon. Le bienheureux François multiplia alors les prédications avec un très grand fruit. Trois fois par semaine au moins, il annonçait publiquement la parole de Dieu sous la forme catéchistique ; et ceux qui le voyaient se donner tant de peine, pendant que les ministres croyaient beaucoup faire de prêcher une seule fois le dimanche, prenaient une bonne opinion de l'Église catholique et finissaient bientôt par renoncer à l'hérésie

Sur la fin du carême, les troupes de François, comte de Martinengues, vinrent en Chablais. Comme parmi elles il n'y avait point de soldat qui ne fût catholique, tous entendaient

avec soin et dévotion les prédications du prévôt de Sales;
et ils le prirent en une si grande estime et affection, qu'ils
voulurent tous payer la dette chrétienne du temps de
Pâques entre ses mains. Il entendit leurs confessions avec
sa bonté, sa charité et sa patience ordinaires, et leur donna
la très sainte communion le jeudi saint, le samedi saint et
le jour de Pâques.

Il arriva qu'un soldat, qui s'était confessé pour communier,
se trouvant au déjeuner de ses compagnons, mangea par
distraction avec eux, et, sans autre réflexion, s'en alla ensuite recevoir la très sainte Eucharistie. C'est pourquoi ses
camarades l'accablèrent de reproches, et surtout le sergent
de sa compagnie, qui lui dit: « Qu'avez-vous fait, misérable?
Ne savez-vous pas que le corps de Notre-Seigneur ne doit
être pris qu'à jeun? O Dieu! que vous avez commis un
grand péché! » Là-dessus, le pauvre soldat se mit non seulement à pleurer avec amertume, mais encore il jeta des
cris qui montraient bien l'extrême affliction de son âme.
« Que je suis malheureux! s'écriait-il ; pourrai-je bien obtenir le pardon d'un si grand péché ? Hélas! à quoi pen-
sais-je quand j'ai commis ce crime? » Il faisait pitié à voir,
et peut-être allait-il tomber dans le désespoir, si son sergent
ne lui eût conseillé d'aller trouver le *bon Père :* c'est ainsi
qu'ils appelaient le bienheureux François. Il suivit ce conseil, et, étant entré dans la chambre du serviteur de Dieu,
il se jeta par terre à ses pieds, fondant en larmes et étouffant
de sanglots. L'homme apostolique, étonné d'un tel spectacle,
tâcha de le calmer et lui dit : « Qu'est-ce qu'il y a, mon enfant? D'où vous vient cette grande affliction ? Prenez courage, et faites-moi connaître ce que je puis faire pour vous. »
— « Ah! mon Père, répondit ce pauvre soldat, que j'ai
commis un grand crime! » et il n'en put dire davantage.
« Et quoi donc, reprit le bon Père, ne savez-vous pas que
Dieu est miséricordieux ? » — « Hélas! repartit son visiteur,
j'ai reçu la très sainte communion après déjeuner! Je suis
perdu, mon Père, si vous n'avez compassion de moi. » Le
bienheureux lui demanda s'il avait fait cela à dessein ; et,
sur sa réponse qu'il l'avait fait par inconsidération, et qu'il
aimerait mieux mourir mille fois que de commettre volon-
tairement un pareil péché, il lui dit: « Mon fils, allez en paix ;
Dieu vous pardonne, ce bon Dieu qui ne rejette jamais le
cœur contrit et humilié. » — « Mais pour le moins, continua

ce pauvre homme, donnez-moi quelle pénitence il vous plaira, et je la ferai exactement. » — « Allez, lui repartit le débonnaire consolateur : vous direz une fois le *Pater* et l'*Ave*. Ayez bonne confiance en Dieu, et priez pour moi. » On ne saurait dire combien ce bon soldat fut reconnaissant au bienheureux François : partout il publiait que le prévôt de Sales était le refuge des pécheurs et le consolateur des affligés, et jamais il ne manquait à la moindre de ses prédications, autant que la discipline du service militaire le lui permettait.

N'ayant pu voir en Chablais le comte de Martinengues, lieutenant général de Son Altesse dans ses états de Savoie, l'homme de Dieu le suivit, ou plutôt le poursuivit presque ; et, après avoir salué et consulté son évêque à Annecy, avoir visité à Sales son père et sa mère qui mouraient d'envie de le voir, il le rencontra à Chambéry. Là, il trouva chez le sénateur Favre des lettres du duc qui assuraient provisoirement des revenus aux curés établis ou à établir ; il obtint encore main-levée des pensions que les ministres tiraient sur les bénéfices ecclésiastiques. Aussi put-il, à son retour, instituer quelques nouveaux curés et appeler quelques autres prêtres propres à l'œuvre de la conversion. Toutefois, l'installation des nouveaux titulaires ne se faisait souvent qu'avec de grandes difficultés. C'est ainsi qu'ayant voulu accompagner à son poste le prêtre qui avait été nommé à la cure de Bellevaux, il fut fort mal reçu par la population très obstinée dans l'hérésie. A aucun prix on ne voulut les loger, ni leur vendre un peu de vin ; on leur refusa même des sièges pour s'asseoir ; et ils furent contraints de manger du pain de son, tel qu'on le cuit pour les chiens, avec un peu de mauvais fromage et de l'eau pure. Le bienheureux François, habitué à de pareils traitements, disait que c'était là une vie apostolique, et il se réjouissait de pouvoir imiter la pauvreté de JÉSUS-CHRIST et des apôtres.

En ce même temps, le seigneur d'Avully secondait merveilleusement celui qui l'avait amené à la vraie foi, et cela non seulement par sa doctrine, mais encore par son autorité de juge consistorial ; car, cette charge que les hérétiques essayèrent vainement de lui ôter, il la conserva par la volonté expresse du duc de Savoie, et elle lui procura souvent le moyen d'être utile à la cause catholique.

L'homme de Dieu reçut alors du Pape des lettres datées du 29 mai 1597, où le Pasteur des pasteurs le pressait de renouveler ses tentatives pour ramener la brebis perdue au bercail de Jésus-Christ. Il s'agissait de Théodore de Bèze. François, toujours prompt à l'obéissance et heureux d'affronter de nouveau le martyre, laissa de bons moissonneurs à Thonon et retourna à Genève, en compagnie du sénateur Favre, qui venait d'être nommé président du Génevois. Ils pénétrèrent heureusement auprès de l'hérésiarque, qui les reçut avec honneur. Après les compliments d'usage et quelques discours indifférents, le prévôt amena ainsi la conversation sur le terrain qu'il désirait. Il y avait, dans un coin de la chambre, de gros livres tout couverts de poussière, qu'il manifesta le désir de connaître par les noms de leurs auteurs. Bèze répondit, en haussant les épaules, que c'étaient des livres des vieux Pères, dont il ne faisait pas beaucoup d'état. « Et moi, Monsieur, lui dit doucement le serviteur de Dieu, je ne saurais vous dire combien je les estime; » et, ouvrant un volume de saint Augustin, il ne fut pas longtemps à trouver un passage sur la grâce et la justification, qui mit aux prises les deux champions. Bèze, en prétendant que l'homme ne peut faire un mouvement sans être poussé par le Saint-Esprit, arrivait à nier et la liberté, et la responsabilité humaines. Pour le réfuter, le bienheureux François apporta cette comparaison : « Une horloge est d'abord construite par un homme expert, pour marquer toutes les heures du jour ; ensuite elle marque les heures d'elle-même, en vertu du premier mouvement qui lui a été donné. De même, Dieu pousse premièrement l'âme à la vraie componction du cœur; puis celle-ci, coopérant à la grâce, parcourt d'elle-même tous les autres degrés de la justification. » Bèze admira fort cette similitude, et trouva qu'elle expliquait grandement la difficulté. Mais comme, en pressant la comparaison, il aurait pu en déduire l'erreur, François le prévint et ajouta (¹) : « Il y a néanmoins une différence infinie entre Dieu et l'horloger : celui-ci nécessite les mouvements de sa machine par les ressorts qui la meuvent; mais Dieu, dans l'œuvre de la justification, ne nous nécessite point ; sa grâce nous laisse toute notre liberté : elle presse, elle attire la volonté, mais nous pouvons toujours consentir ou résister à ses impressions; et, comme ses attraits nous donnent suavement le pouvoir, leur

---

1. Ce qui suit jusqu'à l'alinéa est emprunté presque textuellement à la *Vie de saint François de Sales* de M. Hamon; cet emprunt s'imposait, pour ainsi dire, afin de compléter une lacune du texte de Charles-Auguste.

suavité maintient puissamment la liberté du vouloir. Ne proférez donc pas ce blasphème, Monsieur, de dire que l'homme n'est pas libre de consentir ou de résister à la grâce : ce serait accuser Dieu d'être la cause de la perte des méchants; et, comme on offense sa libéralité envers les justes, si on méconnaît la grâce qui leur fait faire le bien, on blasphème sa bonté à l'égard des pécheurs, si on dit qu'elle leur refuse les secours nécessaires. »

Après cela, l'homme apostolique amena le discours sur ce qui avait été l'objet de leur première conférence, sur la vérité de l'Église romaine. Mais l'hérésiarque se renferma dans ce qu'il avait déjà dit; c'est à savoir : que l'Église romaine était vraie, mais que la réformée ne l'était pas moins, voire qu'elle était préférable en ce que, chez elle, le chemin du ciel était facilité, et que les actes de pénitence n'étaient que de conseil et de bienséance. Le bienheureux François ne manqua pas de le reprendre, et lui dit : « Monsieur, quand vous dites que les bonnes œuvres ne sont pas nécessaires au salut, je ne puis croire que votre conscience vous fasse ainsi parler; vous qui êtes si versé dans la lecture des livres, se peut-il que vous n'ayez pas trouvé et reconnu l'enseignement catholique, non seulement chez les docteurs des cinq premiers siècles, mais encore dans les saintes Écritures tant de l'ancien que du nouveau Testament? » Bèze ne savait que répondre. Enfin, après un silence, il poussa un profond soupir, et proféra ces paroles : « Quant à moi, si je ne suis pas au bon chemin, je prie Dieu tous les jours que par sa miséricorde il veuille m'y remettre. » Et, comme sur ces paroles le prévôt prenait congé, non sans emporter quelque espérance, cet homme digne de commisération lui prit la main, la lui serra, et répéta la même chose à haute voix, de façon à être entendu de toutes les personnes présentes et même de ses serviteurs.

Rentré à Thonon, le généreux apôtre y continuait ses travaux avec le même zèle. Il apprend un jour que deux gentilshommes de qualité vont se battre en duel : il court au lieu du rendez-vous pour empêcher ce malheur. Déjà ces misérables escrimaient à épées nues, quand il leur cria : « Holà, Messieurs! pourquoi perdez-vous ainsi vos âmes? Arrêtez, arrêtez, s'il vous reste encore quelque crainte de Dieu. » Mais ils étaient sourds aux avertissements de ce bon père, et persévéraient à croiser le fer l'un contre l'autre. Alors l'homme de Dieu, qui avait autrefois tiré des armes et qui s'y était rendu fort habile, se jette entre eux, leur arrache l'épée des mains et leur fait entendre raison : ils se demandent mutuellement pardon, se repentent de leur crime, et sollicitent et obtiennent l'absolution de leurs péchés, comme aussi des censures qu'ils avaient encourues.

Cependant les ministres du pays de Vaud s'assemblèrent avec ceux'de Genève et du Chablais, pour présenter une dispute solennelle au seigneur prévôt de Sales : elle devait avoir lieu à Thonon. L'homme de Dieu ne fut jamais plus joyeux qu'en apprenant ce dessein, et il ne se donna point de repos que le jour du rendez-vous ne fût assigné. Mais ce fut en vain qu'on attendit : les ministres, pour éviter la lutte, alléguèrent mille prétextes. François indigné jeta le gant à ceux de Genève, proclamant qu'il irait les trouver dans leur ville accompagné de six prêtres seulement, et que là il soutiendrait la doctrine de l'Église catholique devant et contre tous les ministres. Personne ne releva le défi. Seul Galletier, ministre du pays de Vaud, sous la tyrannie du canton de Berne, passa le lac et vint à Thonon; et, après avoir entendu le prévôt de Sales, il confessa la vérité et sainteté de la religion romaine, sans oser pourtant l'embrasser. Mais, à son retour, les Bernois, s'étant aperçus qu'il branlait en leur réforme, lui firent sommairement son procès et le condamnèrent à mort.

Malgré tout, le bienheureux apôtre ne laissa pas d'aller encore une fois à Genève trouver Théodore de Bèze, et s'expliqua plus franchement que jamais à ce pauvre hérésiarque, tout troublé et bourrelé des remords de sa conscience. « Monsieur, lui dit-il, puisque vous reconnaissez la vérité de la religion catholique, je ne doute point que vous n'ayez un très grand désir d'y rentrer. Mais peut-être craignez-vous qu'alors les commodités de la vie ne vous fassent défaut : or, Monsieur, s'il ne tient qu'à cela, je vous garantis, au nom de Sa Sainteté, une pension annuelle de quatre mille écus d'or. » A cette proposition, le pauvre Bèze demeura longtemps les yeux fichés à terre, sans dire mot; enfin il confessa derechef que l'Église romaine était la Mère-Église, mais il ajouta que pourtant il ne désespérait point de faire son salut dans la religion où il était. Là-dessus, le prévôt, voyant qu'il travaillait en vain, s'en retourna à Thonon; et les Génevois, entrant en soupçon de ce qui s'était passé, lui dressèrent des embûches, et donnèrent des gardes à Bèze. On dit que ce malheureux

regretta de ne pouvoir plus traiter avec l'apostolique François,
qu'il rétracta plusieurs de ses erreurs, qu'il se repentit même
en quelque façon ; toujours est-il qu'à ses derniers moments
il aurait accusé ses geôliers d'être la cause de sa damnation.

CHAPITRE CINQUIÈME.
Conversions en masse (1597-1598).

AU sortir de sa dernière entrevue avec Théodore de Bèze,
le prévôt de Sales se rendit au synode que son révé-
dissime évêque célébrait à Annecy. Là, il exposa au prélat
tout l'état de la religion en Chablais, et lui demanda instamment des auxiliaires. Il obtint et emmena un Jésuite, le Père
Jean Saunier, et deux Capucins, le Père Chérubin et le
Père Esprit de Baumes. De retour à Thonon, François y
composait un livre contre les ministres; ce faisant, il se
prit à songer qu'un grand moyen de gagner des âmes serait
de célébrer, à Annemasse, l'*oraison des Quarante Heures.*
Annemasse, bourg situé à une lieue de Genève, avait malgré
tout vaillamment et fidèlement conservé la foi catholique.
François communiqua son projet à ses collaborateurs, qui le
goûtèrent fort, et qui trouvèrent bon qu'on y fît, pour attirer les
peuples, une représentation de quelque dévote histoire. Pour
le choix du sujet, on tomba d'accord sur le *Sacrifice d'Abraham.* La composition du poème ou drame fut confiée aux
deux Louis de Sales, l'un chanoine et cousin du prévôt,
l'autre son frère, pour lors seigneur de la Thuille; et la pièce
ayant été faite en peu de temps, les rôles furent distribués.
Le P. Chérubin prépara tout ce qui était nécessaire pour la
commodité et pour la beauté de l'action. Le théâtre fut érigé
sur la grande place : des tentes furent dressées à l'entour,
pour mettre les spectateurs à l'abri s'il venait à pleuvoir. Le
bruit de ces préparatifs fut aussitôt répandu dans toute la
Savoie : c'est pourquoi une grande multitude de l'un et de
l'autre sexe se trouva à Annemasse au jour assigné, qui était
le premier dimanche de septembre, veille de la Nativité de
Notre-Dame. Les Génevois, étonnés de voir à leurs portes
une si grande foule de catholiques, firent sortir de leur ville
plusieurs compagnies de soldats pour occuper les chemins :

ce qui jeta l'alarme dans le Chablais et dans le voisinage. Néanmoins l'apostolique François, ayant exhorté ses Thononais à cette dévotion, le 6 septembre, célébra la messe de bon matin, se revêtit du surplis, et se présenta pour conduire ceux qui seraient assez robustes pour entreprendre un si beau pèlerinage. Au moment du départ, la crainte des hérétiques fit qu'il ne trouvait personne pour porter la croix de procession; il fallut même qu'il donnât sèchement à son serviteur Roland l'ordre de la prendre. Il entonna, à genoux devant l'autel, l'hymne sacrée des triomphantes enseignes, *Vexilla Regis*, et on se mit en marche. Roland tenait la tête, suivi du peuple catholique; le serviteur de Dieu venait tout le dernier; mais il se trouva bientôt au milieu, par le grand nombre de personnes qui se joignirent à lui dans les rues. Il mena ainsi cette procession à cinq grandes lieues, par des chemins boueux et rompus, et un temps assez incommode, en chantant perpétuellement, tantôt des litanies, tantôt des hymnes et des psaumes.

A peine était-il arrivé à Annemasse qu'on lui apporta la nouvelle que ses enfants, les pénitents de la Sainte-Croix d'Annecy, n'étaient pas loin. Accompagné d'une grande multitude de gens qui étaient déjà au village, il alla au-devant d'eux. Ceux-ci s'avançaient gravement, couverts de sacs, pieds nus pour la plupart, le chapelet à la main, chantant les litanies du très saint Crucifix; et tout dernier venait, en prieur, le chanoine de Sales. Les deux cousins se saluèrent avec une vive émotion; et on se rendit à l'église pour adorer le Très-Saint-Sacrement, et chanter un motet en l'honneur de la Vierge.

Le lendemain, le révérendissime évêque Claude de Granier, qui illustrait la solennité par sa présence, célébra pontificalement. A l'offertoire, le prévôt de Sales monta en chaire, et ouvrit les exercices de l'*Oraison* par un discours plein de piété et de chaleur. Les confrères d'Annecy firent la première heure d'adoration devant le Très-Saint-Sacrement, où se succédèrent ensuite d'heure en heure les députations des différentes paroisses : à chaque renouvellement des adorateurs, il y avait une prédication donnée à tour de rôle par François de Sales et par ses auxiliaires.

Il y avait autrefois, sur le chemin d'Annemasse à Genève, une croix de pierre que les hérétiques avaient abattue; les catholiques voulurent profiter de l'occasion pour relever sur

le même lieu une autre croix, qu'ils firent de bois. Le prévôt
la bénit, et elle fut portée triomphalement, puis dressée sur
son piédestal, au chant des hymnes sacrées ; il avait composé
lui-même l'inscription dont elle était ornée, et dont voici le
sens : « Ce n'est point la pierre ni le bois que les catholiques
adorent, mais bien ce Dieu qui, étant mort en la croix, l'a
rendue honorable par son sang. »

Les Quarante Heures se continuèrent et s'achevèrent au
milieu d'une affluence de peuple toujours grossissante, et le
succès en fut prodigieux ; car une quantité d'hérétiques y
furent touchés, éclairés et convertis. Les ministres étaient
désolés et furieux de ce résultat ; sentant qu'ils avaient besoin
de faire une diversion, et qu'il y allait de leur intérêt comme
de leur honneur de ne pas paraître plus longtemps éluder les
défis de leurs adversaires, ils firent écrire au P. Chérubin qui,
dans ces circonstances solennelles, les avait derechef hautement provoqués à toute sorte de dispute ; ils lui firent donc
écrire qu'ils étaient prêts pour la conférence, qu'il ne s'agissait
plus que de s'entendre sur les conditions. On leur députa aussitôt, pour cet effet, le chanoine Louis de Sales, qui fit diligence
tant auprès des syndics de la ville qu'auprès des ministres.
Mais, comme on différait la réponse à plaisir et qu'on la
remettait d'un jour à l'autre, force lui fut de s'en retourner
sans avoir rien fait. Après deux mois de négociations, on
n'était pas plus avancé ; mais les prédicants ne trouvèrent
pour couvrir l'ignominie de leur retraite que des prétextes
misérables qui ne trompèrent personne.

Quant au bienheureux François, de retour à Thonon, il y
confirmait les néophytes, et continuait de ramener à la foi plusieurs hérétiques. Ses grandes actions, ses exploits héroïques
lui avaient acquis l'estime universelle : ce qui ne l'empêchait
point de pratiquer merveilleusement la très sainte humilité
chrétienne. C'est ainsi qu'il servait à ses pauvres enfants et
brebis de curé, de procureur, de médecin, d'avocat et de serviteur en Dieu. Une fois, s'étant retiré dans sa chambre pour
raccommoder quelque chose en ses habits, il fut surpris dans
cette besogne par un gentilhomme de qualité. Celui-ci ne put
se tenir de lui en témoigner son étonnement ; mais il reçut
cette belle réponse de l'humble et modeste François : « Monsieur, je ne vois point qu'il y ait d'inconvénient à raccommoder
moi-même ce que j'ai gâté moi-même. » Le bon gentilhomme protesta souvent depuis, que, n'étant pas alors des

plus fermes en la foi, rien ne l'y confirma autant que d'avoir
vu un si grand personnage faire une action si basse en apparence, parmi tant d'excellentes et sublimes qui éblouissaient
les yeux du monde.

En ce temps, le seigneur prévôt se rendit à Barraux saluer
le duc de Savoie, et traiter avec lui des affaires du Chablais.
A son retour, il s'arrêta à Annecy, où il fut soudain attaqué
d'une fièvre violente, qui, pendant quelques jours, fit désespérer
de sa vie. L'affliction fut grande à Thonon ; et l'évêque de
Genève, retiré pour lors à Ville-en-Salaz, ayant appris cette
triste nouvelle, en tomba lui-même malade de chagrin. L'apostolique François pria le Père Chérubin de tenir sa place, et
de prêcher le carême, comme il avait déjà prêché l'avent : ce
qu'il fit, et avec beaucoup de fruit. Alors eut lieu entre le
Capucin et l'allemand Lignarius, qui enseignait à Genève la
théologie de Calvin, cette solennelle dispute qui tourna tout
à la confusion des hérétiques.

Cependant l'homme de Dieu, ayant repris santé et forces
et voyant la ville d'Annecy désolée par la peste, se consacra
au service des pauvres pestiférés, non sans se mettre en grand
danger d'y perdre la vie ; mais le bon évêque en conçut de
nouvelles alarmes, et le rappela aussitôt par un absolu commandement. Le bienheureux François obéit, vint à Ville-en-
Salaz pour le saluer, et de là retourna à Thonon. Le lâche
Lignarius avait déjà pris la fuite ; et, sachant l'arrivée de
l'apôtre, il se garda bien de sortir de Genève pour reprendre
la dispute, quelques sommations qu'on lui en fît.

De pareilles aventures n'étaient pas pour augmenter le
crédit des ministres ; au contraire, les conversions éclatantes
se multipliaient. Un jour, Ferdinand Bouvier, gentilhomme
du pays de Vaud, mais domicilié à Thonon depuis plusieurs
années, s'en alla, avec le livre de Duplessis Mornay contre la
messe, droit au logis du seigneur prévôt ; et, ne l'ayant pas
trouvé, il marqua quelques pages du livre et le laissa sur la
table. A son retour, le serviteur de Dieu trouva le livre, le
feuilleta diligemment, en nota les principales faussetés, et
déchira quatre ou cinq feuillets qui contenaient des men-
songes et blasphèmes insupportables. Le sieur Bouvier ne
tarda pas à revenir ; et François, le voyant, lui dit : « Jamais
je n'ai rencontré un menteur plus impudent. Ayez un peu de
patience, Monsieur, et vous serez de mon avis. » Alors il lui
signala et lui fit, pour ainsi dire, toucher du doigt quelques-

unes des faussetés et des calomnies dont le livre est tout
rempli; puis il lui exposa la vérité avec des arguments d'une
force irrésistible. Le bon gentilhomme ne put dire autre chose,
sinon qu'il en écrirait aux ministres de Genève, pour voir s'ils
pourraient défendre le sieur Duplessis Mornay. Mais, n'ayant
point reçu d'eux de bonne réponse, il promit au serviteur de
Dieu d'abjurer l'hérésie: ce qu'il fit peu de temps après, avec
larmes, entre les mains du révérendissime évêque Claude de
Granier, après avoir été, au préalable, fort bien instruit par
son apôtre de tous les articles de la foi catholique.

Cependant, malgré la douceur et la bonté du bienheureux
François, il y avait encore des gens obstinés qui ne pouvaient
le regarder de bon œil, et ne cherchaient qu'à lui faire des
avanies. Un dimanche d'été qu'il avait prêché à Saint-Hippolyte et expliqué ce conseil évangélique : « Si quelqu'un vous
frappe sur une joue, présentez-lui l'autre ; » ne voilà-t-il pas
qu'un insolent hérétique l'arrête violemment au sortir de
l'église, et lui dit devant tout le peuple : « Si je te donnais
maintenant un soufflet, tournerais-tu la tête pour que je t'en
donne un autre ? » L'homme évangélique répondit doucement à cet excès d'impudence : « Mon ami, je sais bien ce
que je devrais faire; mais je ne sais pas ce que je ferais. »
Cette réponse étonna le misérable qui demeura interdit ; et
les assistants indignés n'étaient pas loin, si le prévôt ne fût
intervenu pour les calmer, de soumettre l'hérétique à l'épreuve
qu'il avait voulu imposer à autrui.

C'est ainsi que le saint apôtre usait toujours de bonté et
de charité, même envers ceux qui le méritaient moins. Jamais
il n'a aliéné les cœurs des hérétiques par des opprobres ou
des injures ; il avait horreur de l'invective en chaire, et employait plus de temps à exposer la vérité qu'à réfuter les
faussetés hérétiques. Il disait que tous les hérétiques sont
principalement superbes, et pour cela ne peuvent supporter
qu'on les maltraite en paroles ; que, du reste, il désirait grandement imiter Notre-Seigneur JÉSUS-CHRIST, qui, sans négliger de reprendre les obstinés, épanchait sa doctrine avec
toute douceur et mansuétude. « Qui ne se conformerait,
ajoutait-il, à la très prudente méthode de la Sagesse éternelle ?
Quant à moi, je vous assure que je n'ai jamais usé d'invecti-
ves et de reproches amers, sans m'en être repenti après. »
C'est cette bénignité et cette égalité d'âme qui, sitôt connues,
lui gagnaient tous les cœurs.

En ce temps sortit des imprimeries de Genève un très pernicieux livre contre l'honneur de la sainte Croix : il ne portait pas de nom d'auteur, mais il avait été composé par le ministre Antoine de la Faye, comme en représailles de ce qui s'était fait à Annemasse. Le seigneur prévôt fut prié de répondre à cet impie : il en accepta volontiers la charge, et, mettant incontinent la main à l'œuvre, il travailla si bien qu'il n'a, ce semble, rien laissé à dire sur la matière. Une sèche analyse ne donnerait qu'une faible idée de ce bel ouvrage ; voici seulement les paroles par lesquelles il le conclut très doctement et très dévotement : « Comme l'Église, non plus que l'apôtre, n'a jamais estimé savoir ni prêcher autre chose que JÉSUS-CHRIST, et icelui crucifié, aussi n'a-t-elle jamais honoré sinon JÉSUS-CHRIST, et icelui crucifié, non JÉSUS-CHRIST sans croix. Nous adorons ce que nous savons ; or nous savons JÉSUS-CHRIST en croix, et la croix en JÉSUS-CHRIST. C'est pourquoi je termine par cet abrégé et de la doctrine chrétienne et de tout ce que j'ai déduit jusqu'à présent, protestant avec le glorieux prédicateur de la croix saint Paul : (que ce soit, ô mon Dieu, plus de cœur et d'actions que d'écrit et de bouche, et qu'ainsi je fasse à la fin de mes jours !) *Jà n'advienne que je me glorifie, sinon en la croix de Notre-Seigneur* JÉSUS-CHRIST ! Amen. »

Il dédia son livre au duc de Savoie, et encore à ses très chers confrères, les pénitents d'Annecy, et le fit imprimer à Lyon sous le titre de *Défense de la sainte Croix*. Depuis, on le réimprima à Paris sous le titre horrible de *Pantologie de la sainte Croix*, au grand déplaisir du serviteur de Dieu : car il ne haïssait rien tant que ces frontispices insolents, et il avait coutume de dire qu'il est un sot et un insensé l'architecte qui fait le portail plus grand que toute la maison.

Pour récompenser son serviteur de tant de travaux, Dieu le rendit illustre par l'opération des miracles. En voici un entre autres qui fit grand bruit, et qui fut l'occasion de nombreux retours à la vraie foi. Il y avait, dans un faubourg de Thonon, une femme obstinée en l'hérésie de Calvin, laquelle, ayant mis au monde un fils, différa plusieurs jours de le porter au baptême ; or il arriva que l'enfant mourut sans l'avoir reçu. Désolée de ce malheur, la pauvre mère fondait en larmes et remplissait toute la maison de ses lamentations. Toutefois, voyant qu'il n'y avait point de remède, elle portait elle-même le petit cadavre au cimetière, quand elle rencontra l'homme apostolique, qui avait en vain beaucoup travaillé pour la convertir; elle se jeta à ses pieds, les yeux baignés de pleurs, et s'écria : « O mon père, je me ferai catholique, si vous obtenez par vos prières que mon enfant vive et puisse être baptisé. » Le bienheureux François tombe à genoux et prie avec ferveur. L'enfant revient à la vie, on le baptise, et il vit encore deux jours. Les parents rendent grâces à Dieu et au thaumaturge par lequel il a opéré ce prodige; et, renonçant à l'hérésie, ils embrassent la religion catholique avec toute leur famille. Le fait fut certifié par un grand nombre de témoins oculaires ; et il était si avéré et si notoire que le P. Chérubin en parla publiquement dans un sermon, et s'en servit pour confondre les hérétiques.

Cependant le révérendissime évêque avait permis de célébrer deux fois par an à Thonon *l'oraison des Quarante Heures*. Le jour assigné pour la première, le dimanche 20 septembre, étant venu, elle fut commencée en l'église de Saint-Augustin, que le prélat avait réconciliée et dont il avait repris possession pour la circonstance. L'ouverture se fit au milieu d'un concours immense de peuple, accouru non seulement des provinces voisines, mais encore de lieux éloignés. Le matin eut lieu une procession générale, où le bon évêque porta le Très-Saint-Sacrement. Puis on se divisa en processions particulières, au nombre de quarante, qui vinrent successivement, chacune à son heure, faire l'adoration. Quatre prêtres furent députés pour les prêcher alternativement au lieu-même où elles attendaient leur tour. Tout se passait dans un ordre admirable. La plupart des pèlerins étaient vêtus de blanc ; beaucoup marchaient pieds nus, avec grande humilité et dévotion ; les conversions et les abjurations se faisaient par centaines. Ceux qui n'osaient pas encore venir de jour entendre les prédications, y vinrent de nuit. L'apostolique prévôt de Sales et le P. Chérubin ne cessèrent point de faire divers beaux sermons sur les matières controversées, jusqu'à la dernière heure des Quarante, où la même procession solennelle, qui les avait commencées, les acheva en rapportant le Saint-Sacrement à l'église de Saint-Augustin.

Le duc de Savoie, qui n'avait pu assister à ces premières Quarante Heures, ravi du rapport qu'on lui en fit, demanda qu'on les renouvelât à ses dépens. Il y voulait prendre part en personne ; et le cardinal de Florence, Alexandre de Médicis, légat du Pape, qui revenait de France et passerait à

Thonon, les rehausserait de sa présence. Elles furent fixées au jeudi, premier octobre. Le cardinal arriva la veille ; il trouva, à une certaine distance de la ville, tout le clergé venu à sa rencontre ; aux portes, le duc de Savoie avec ses gardes et toute sa cour. On le conduisit d'abord à l'église de Saint-Hippolyte, puis au magnifique logement qu'on lui avait préparé dans la maison de ville. Là, comme les principaux lui rendaient le devoir de la seconde salutation, Son Altesse sérénissime lui mena par la main et présenta le bienheureux François de Sales : « Monseigneur, dit-il à haute voix, celui que je vous présente pour vous faire la révérence, c'est l'apôtre du Chablais : vous voyez un homme béni de Dieu et envoyé du ciel à nous, qui, enflammé d'un très grand zèle du salut des âmes, non sans un grand péril de sa vie, est venu tout premier hardiment en cette province, y a épanché la semence de la parole de Dieu, a replanté la croix et la foi de Notre-Seigneur en ces baïllages, d'où elles avaient été déracinées et enlevées, il y a plus de soixante-dix ans, par les armées infernales des hérétiques. J'ai secondé de mon épée une si sainte entreprise ; mais personne ne peut nier que toute la gloire de cette bonne œuvre ne soit due à ce zélé missionnaire. » Le bienheureux François, confus de tant d'honneur et la rougeur au visage, ne put que tomber aux genoux du cardinal et baiser le bord de sa robe. Celui-ci le releva et l'embrassa tendrement : « Monsieur, lui dit-il, je vous remercie de votre zèle. Continuez comme vous avez commencé. Quant à moi, je ne manquerai point de rapporter amplement à notre Très-Saint-Père ce que vous avez fait en ces lieux. »

Ce jour-là on acheva dans l'église de Saint-Augustin les préparatifs pour les Quarante Heures : la décoration était d'une magnificence et d'une richesse inouïes, et offrait à la vue le plus merveilleux coup d'œil. Le lendemain matin, le duc alla prendre le cardinal à son logis et l'accompagna à l'église de Saint-Hippolyte. Là, le ministre Pierre Petit, après un beau discours, fit son abjuration entre les mains du légat et reçut l'absolution, et avec lui le seigneur de Foraz et un bon nombre de gentilshommes du Chablais et de bourgeois de Thonon.

Après cette cérémonie et l'hymne d'action de grâces, l'évêque de Genève commença la grand'messe, que chantèrent en musique les deux chapelles réunies du légat et de Son Altesse. La messe finie, la procession générale se mit en

marche pour donner ouverture aux Quarante Heures. Toutes
les rues par où l'on devait passer avaient été ornées de tapis,
d'images et de verdure. L'évêque de Genève portait le Saint-
Sacrement. Le duc et son frère, et les deux ambassadeurs de
Fribourg portaient les quatre bâtons du dais. Le cardinal
légat, assisté des prélats présents, suivait avec une grande
dévotion ; par derrière, marchaient tous les gentilshommes et
officiers de Son Altesse, tête nue, tenant à la main des tor-
ches de cire blanche, comme aussi la plupart des bourgeois
de Thonon nouvellement convertis. Après, venait une multitude de peuple incroyable et un grand nombre de dames des
provinces circonvoisines, d'où l'on était accouru à la cérémonie. La procession se rendit à l'église de Saint-Augustin, et le
Saint-Sacrement y fut exposé sur un autel tout resplendis-
sant de mille lumières, pendant que la musique exécutait des
motets délicieux. Le P. Chérubin monta en chaire et fit la
première prédication. Le bienheureux François fit la seconde,
et prêcha encore ensuite plus de dix fois durant les Quarante
Heures. Ses collaborateurs ne s'épargnaient pas davantage.
Les processions particulières se succédèrent sans interruption,
et elles amenèrent à Thonon plus de dix mille personnes. En
même temps les abjurations continuèrent : il fallait qu'il y
eût quelqu'un continuellement occupé à les recevoir.

Le second jour, au matin, le duc et les seigneurs se pré-
sentèrent très dévotement à la sainte communion. Le soir eut
lieu une bien touchante cérémonie. Les confrères du Saint-
Sacrement, vêtus de blanc, vinrent de l'église Saint-Hippolyte,
portant une très haute et très pesante croix de bois : elle était
destinée à remplacer celle que les hérétiques avaient abattue,
dans la rue à laquelle elle avait donné son nom. Le duc se
trouva avec les évêques et le bienheureux François sur le lieu
de l'érection, et il aida de ses propres mains à élever la croix,
à la vue et à l'admiration de plus de quatre mille assistants,
au son des trompettes et au chant des hymnes et des cantiques. Ensuite Son Altesse, ayant fléchi les genoux et fait
sa prière, embrassa et baisa la croix. Les confrères en firent
autant, ainsi que les évêques et les seigneurs de la cour ; et,
après le chant du *Te Deum*, on se rendit à l'église de Saint-
Augustin, pour y adorer le Saint-Sacrement et y entendre un
beau sermon de circonstance du P. Chérubin.

Le lendemain, les prières des Quarante Heures étant ter-
minées, Son Altesse sérénissime reçut en audience les ambas-

sadeurs de Berne et de Fribourg. Ceux de Fribourg la félicitèrent d'avoir rétabli la religion catholique dans tout le Chablais. Mais les Bernois demandèrent pour leurs voisins la liberté de conscience ; le duc leur répondit : « Comme, lorsque vous occupâtes cette province, vous vous arrogeâtes un absolu pouvoir sur ces peuples, et les contraignîtes d'embrasser vos nouveautés ; de même vous ne devez point trouver étrange ni mauvais, si moi, qui suis le prince légitime, l'ayant recouvrée par la justice de mes armes, j'y rétablis la vraie et ancienne religion, selon le désir de la presque totalité de mes sujets eux-mêmes. » Les Bernois insistèrent pour que trois ministres fussent conservés dans le pays, et le conseil du prince inclinait par politique à le leur accorder. Mais Son Altesse refusa absolument ; sollicitée de nouveau, elle répondit enfin : « Eh bien ! j'y consens, pourvu que vous receviez à Berne les prêtres que j'y enverrai. » Les ambassadeurs se gardèrent bien alors de renouveler leur requête.

Le religieux prince ne s'en tint pas là. Voyant que, parmi le grand nombre des convertis, il restait encore quelques hérétiques obstinés, et craignant que leur contact n'infectât le reste du peuple, il leur commanda par édit public de sortir de ses États, non sans avoir toutefois tenté tous les moyens de les amener à résipiscence. Peu de temps après, il laissa rentrer ces pauvres gens, sur leur demande et à la prière du bienheureux François, qui les instruisit et eut bientôt la joie de recevoir leur abjuration.

Son Altesse donna encore de très sages règlements et décrets tant pour le relèvement et la restauration des églises, que pour l'établissement et l'entretien de curés et de prédicateurs. C'eût été peu de chose, en effet, d'avoir rendu la foi aux peuples de ces baillages, si on ne leur avait donné des pasteurs pour les instruire, les fortifier, les inviter à recevoir les sacrements catholiques, et les enflammer à l'observation des commandements de Dieu et de son Église.

CHAPITRE PREMIER.

François de Sales refuse, puis accepte la coadjutorerie de Genève.
— Maladie. — Guérison. — Voyage à Rome (1598-1599).

LE bienheureux François de Sales, ayant employé le temps de quatre ans et quelques mois à cette belle œuvre apostolique de la conversion de tant d'hérétiques, et devant aller à Rome exposer au Souverain Pontife l'état des choses et prendre ses ordres, se retira du pays de Chablais, et s'en vint à Sales voir le seigneur son bon père et la dame sa pieuse mère, desquels la vieillesse était grandement consolée par l'éminente sainteté et réputation de leur fils.

Pendant qu'il y fait quelque séjour, le bon prélat Claude de Granier crut qu'il y allait de son honneur de lui témoigner largement sa gratitude pour tant de travaux et de bons services; mais voyant avec douleur qu'il n'avait pas moyen de le récompenser dignement, il voulut au moins le défrayer de ses débours, car il savait que le prévôt, durant sa mission, avait toujours vécu et s'était entretenu à ses propres dépens. Pour le désintéresser, il lui fit délivrer un mandat payable sur la caisse des bénéfices de Chablais et de Ternier : peine inutile ; l'homme apostolique ne voulut jamais se servir de ce papier, afin de ne rien distraire des revenus destinés aux curés. Le bon évêque, ayant su ce refus, fut tellement étonné, qu'il ne trouva point de paroles pour louer assez la sainteté de celui qui l'avait fait. Il résolut alors de ne plus différer à le prendre pour son coadjuteur et successeur, et de mettre ainsi à exécution un dessein formé et caressé depuis longtemps déjà. Il le fit donc appeler, et lui déclara qu'il ne savait comment récompenser ses mérites, sinon en le faisant son coadjuteur et successeur, et qu'il fallait bien qu'il fût le bâton de sa vieillesse. A ces mots, le serviteur de Dieu baissa les yeux et rougit ; puis, après un silence : « Monseigneur, répondit-il, comment avez-vous pu songer à moi pour une telle dignité ? Qui suis-je donc ? qu'ai-je fait ? et quelle capacité ai-je en moi ? La vérité, c'est que j'ai reçu plus de bienfaits de Dieu et de vous, Monseigneur, que je n'en ai mérité : je m'estimerai toujours trop heureux de demeurer ce que je suis. Ce n'est pas que je refuse le travail ; mais vous avez en votre diocèse un grand nombre de prêtres nobles, doctes et dévots, qui porteront mieux cette charge que moi. » Il allait ajoutant de telles et autres paroles : enfin il refusa absolument.

Le bon prélat ne se laissa point décourager. Il se rendit à Sales, mit les parents du bienheureux François dans la confidence, et lui renouvela ses propositions en leur présence. Le prévôt refusait toujours avec une humilité admirable. Alors l'évêque eut recours, pour le vaincre, à tous les expédients qu'il put imaginer. Il obtint de Son Altesse des lettres de nomination : ce fut facile, car durant une maladie grave de Claude de Granier, le duc avait déjà pensé à lui donner le saint apôtre pour successeur. Il n'y avait personne qui ne fût favorable à un tel choix : c'était le vœu unanime du clergé, de la noblesse et du peuple. François demeurait inébranlable.

Enfin l'affligé prélat lui envoya à Sales son premier aumônier, Pierre Critain, pour lui livrer un dernier assaut. Le lendemain de son arrivée, le sieur Critain, ayant attiré le prévôt de bon matin sous la galerie du château, sous prétexte d'y réciter le divin office, lui demanda s'il soupçonnait le motif de son voyage. François lui répondit que non. « Eh bien ! sachez donc, dit le sieur Critain, que notre révérendissime évêque m'a envoyé exprès pour vous notifier sa volonté de vous prendre comme coadjuteur, et pour lui rapporter la vôtre. Il vous a demandé lui-même votre consentement plusieurs fois ; il vous l'a fait demander par l'entremise de personnes de qualité ; et vous avez toujours répondu par des refus. Certes il en est grandement affligé. Monsieur, prenez garde d'aller à l'encontre de la volonté de Dieu. Mais quelle réponse ferai-je à mon maître ? » — « Je vous prie, répliqua le saint apôtre, de remercier Monseigneur de la bonne volonté qu'il a pour moi, et de faire qu'il la reporte sur un autre plus digne. Je ne suis point né pour commander. Et puis, si j'étais son coadjuteur, il serait obligé de m'abandonner une partie de ses revenus, qui ne sont pas même suffisants à son entretien ; or, il m'en coûterait trop de le voir souffrir. J'écrirai, j'irai, je viendrai, je ferai tout, selon qu'il plaira à Monseigneur; mais quant à l'évêché, il n'y faut pas penser. » A cela le sieur Critain repartit : « Monsieur, il faut que vous sachiez que Monseigneur ne vous a point choisi à la légère, mais après avoir consulté ses plus grands amis et les plus avisés de tout le clergé et de la noblesse. Il n'y a personne qui ne vous désire : partant votre élection est canonique, et c'est le Saint-Esprit qui veut que vous soyez évêque. Je n'ajoute pas que Son Altesse le désire aussi très ardemment, et que le cardinal de Florence se charge avec joie d'être le solliciteur de votre promotion auprès de Sa Sainteté. En tout cela, qui ne verrait la volonté de Dieu ? »

Le bienheureux François demeura quelque temps tout pensif, en se promenant silencieux les bras croisés. Enfin, se tournant du côté de l'abbé Critain : « Allons à Thorens, lui dit-il ; là nous célébrerons chacun une messe du Saint-Esprit: vous direz la première, et je vous servirai ; je dirai la seconde, et vous me servirez pareillement : nous invoquerons la grâce de Dieu, et ferons ce qu'il nous inspirera. » Ils partirent donc tous deux, et célébrèrent dans l'ordre convenu. Le prévôt, après sa messe, revint au chœur ; et, les genoux en terre, les yeux collés à l'autel, il demeura quelque temps comme ravi en extase. Puis il se leva tout radieux, et dit au sieur Critain : « Vous pourrez dire à Monseigneur que je n'ai jamais désiré d'être évêque ; mais que, puisqu'il le veut et même qu'il me le commande, je suis prêt à obéir. Si je fais quelque bien, il en aura tout le mérite. Je vous prie seulement de ne parler de ceci à personne. Le sieur Critain ne put toutefois s'empêcher de dire le résultat de sa négociation au seigneur et à la dame de Sales. De retour à Annecy, il fit son rapport à son maître. Le bon évêque en pleura de joie et s'écria en présence d'une nombreuse compagnie : « Jusqu'à présent je n'avais rien fait qui vaille ; mais j'ai obtenu mon fils le prévôt de Sales pour coadjuteur et successeur ! » Le bruit en fut incontinent répandu par toute la ville ; et le bienheureux François, quand il y reparut quelque temps après, fut témoin de l'allégresse universelle.

Mais voilà qu'à peine arrivé, il fut pris d'une fièvre continue très violente, qui mina rapidement son pauvre corps ; en peu de jours les médecins furent aux abois, et bientôt ils déclarèrent que tout espoir était perdu. La dame sa mère, qui était accourue et qui le servait avec une tendresse indicible, reçut mission d'avertir son cher fils. Cette femme forte puisa dans sa soumission à la providence et à la volonté divines le courage de le faire, et, avec de très prudentes paroles, elle dit à son enfant bien-aimé, qu'il eût à se préparer pour accomplir le voyage de la patrie céleste.

Le pieux malade s'étonna de prime abord, et la frayeur des jugements de Dieu troubla cette âme innocente.

« La crainte de mourir me bouleverse, disait-il souvent avec Job, parce que j'ai péché et n'ai point fait de pénitence. » Il empruntait aussi les gémissements de David, ou les plaintes du roi Ézéchias. Il pensait que, s'il venait à être guéri, il mettrait mieux ordre à ses affaires ; et cependant il se desséchait et s'épuisait en soupirs. Mais enfin il chassa ces vaines terreurs, et, plein de confiance, il disait : « J'aurai autant besoin de la miséricorde du Seigneur une autre fois que maintenant, et il me sera aussi favorable maintenant qu'une autre fois... Toutes les voies du Seigneur ne sont que miséricorde et vérité... O mon âme, pourquoi es-tu triste, et pourquoi me troubles-tu ? Espère en Dieu, car je confesserai toujours qu'il est mon Sauveur et mon Dieu. »

Il n'y avait personne dans toute la ville, voire dans tout le pays, qui ne fût affligé de la maladie de ce saint homme. La douleur de tous les ecclésiastiques était très grande ; celle du bon prélat Claude de Granier était indicible. Les chanoines de l'église cathédrale vinrent en corps lui dire le dernier adieu et recevoir sa sainte bénédiction ; leur vue lui arracha des larmes : car l'amour qu'il leur portait était vraiment paternel et fraternel ; eux, de leur côté, ne lui parlèrent qu'avec des pleurs et des sanglots. Ils le prièrent de leur adresser quelques mots d'édification. Alors, ouvrant sa bouche desséchée, il leur parla, avec plus de force qu'il n'eût pu faire en santé, de la vanité du monde, de l'incertitude de cette misérable vie, de la laideur du vice, de la beauté de la vertu, de l'amour et de la crainte de Dieu. Puis, les prenant chacun à part, il leur déclara franchement tout ce qu'il avait remarqué en eux d'imparfait, et leur donna de salutaires conseils. Après cela, il les remercia de leur visite et de l'affection qu'ils lui avaient témoignée, leur demanda de prier Dieu pour lui, et les bénit de sa main défaillante.

Quand les chanoines furent sortis, il lui prit une syncope qui dura une heure entière, sans que les remèdes y fissent

rien ; on le crut mort. Il revint pourtant à lui ; et, le lendemain, il se trouva un peu mieux. Les musiciens de la cathédrale vinrent avec leurs instruments pour le récréer, et chantèrent les morceaux qu'il leur indiqua : il suivait les paroles
avec de merveilleuses affections et de tendres élans vers le
ciel. Après leur départ, il se tourna vers la muraille et récita
avec larmes le psaume *Miserere*. Puis s'étant retourné, il vit
que le médecin lui préparait une potion, et il demanda ce que
c'était. Le médecin lui répondit, en empruntant ces paroles
de Notre-Seigneur : « Ce que je fais, vous ne le savez pas
maintenant, mais vous le saurez plus tard. » Le serviteur de
Dieu ne put s'empêcher de le reprendre, disant qu'il ne fallait
point se servir de la sainte Écriture sinon en des choses
sacrées et avec une très grande révérence. Il prit néanmoins
le remède, qui était de l'or potable, et fut remis en peu de
temps, par la grâce de Dieu.

Sa convalescence terminée, il partit pour Rome avec des
lettres de l'évêque de Genève. Il était accompagné de François de Chissé, chanoine de l'église cathédrale, neveu du prélat et son vicaire-général : celui-ci portait les suppliques par
lesquelles son bon oncle demandait le serviteur de Dieu pour
coadjuteur et successeur. Ces deux vertueux ecclésiastiques
se mirent donc en route, et arrivèrent heureusement dans la
ville sainte, où ils se logèrent auprès de l'église du Saint-
Sauveur *in Lauro*.

Ils ne différèrent pas d'aller baiser les pieds de Sa Sainteté
et de lui remettre leurs lettres de créance. Le Pape, qui était
aussi clément de fait que de nom(¹), prit un grand plaisir à
s'entretenir avec celui dont il avait entendu raconter tant de
merveilles. Il l'interrogea amplement sur son œuvre apostolique du Chablais, et écouta ses réponses avec un vif intérêt.
Le bienheureux François déposa entre les mains du Pontife
la supplique de l'évêque de Genève, où Sa Sainteté était humblement priée d'intervenir auprès du roi très chrétien,
Henri IV, pour qu'il ne protégeât plus les Génevois au détriment de la justice et de la religion catholique. Il lui présenta ensuite une série de neuf requêtes au nom de son
évêque, et une dixième au nom du chapitre de Genève : toutes
avaient pour but de promouvoir la gloire de Dieu et le bien
des âmes, de rétablir la discipline régulière dans les monastères, d'assurer l'honneur et la décence du service divin, ou de

1. Clément VIII. (Note des éditeurs.)

pourvoir à l'entretien des ecclésiastiques. Le Pape lui accorda presque tout, soit directement par lui-même, soit en le renvoyant au cardinal Baronius ou à l'archevêque de Bary, nonce apostolique à Turin.

De son côté, le chanoine de Chissé, pressé d'accomplir sa mission, sollicita une audience particulière. Là, il remit à Sa Sainteté la supplique par laquelle son oncle demandait le prévôt de Sales pour coadjuteur et successeur. Le Pape fut très content de cette proposition, et à l'heure même il fit appeler le serviteur de Dieu, lui dit qu'il voulait accorder à l'évêque de Genève tout ce qu'il demandait, et ajouta : « Je me réjouis, mon fils, et remercie la divine bonté de ce qu'elle vous appelle à la dignité pastorale. Préparez-vous pour lundi prochain à subir l'examen devant nous. »

L'audience avait lieu le jeudi ou le vendredi : le bienheureux François n'était donc pas riche en temps : il fallait avoir étudié. Une oraison continuelle au pied du crucifix lui servit de préparation ; il offrit aussi pour cela le saint sacrifice, et pria ses amis d'en faire autant. Le lundi venu, il s'en alla au palais du Pape. Il entra en passant dans l'église de Saint-Jacques *in Burgo*, où, les genoux en terre et les larmes aux yeux, il fit à Dieu cette prière : « Seigneur, si par votre éternelle providence, vous savez que je doive être un serviteur inutile en la charge épiscopale, et que je n'aie pas bien soin des âmes qui me seront commises, ne permettez pas que je réponde bien, mais faites plutôt que je sois couvert de confusion devant votre vicaire, et que je ne remporte rien de cet examen que de l'ignominie. »

Ayant ainsi prié, il se rendit à la salle du palais pontifical qu'il trouva toute pleine de monde. Sa Sainteté était assise sur son trône, entourée de huit cardinaux, entre autres des cardinaux Borghèse, Baronius, de Médicis et Frédéric Borromée ; près d'eux siégeaient vingt archevêques, évêques ou généraux d'ordres ; puis venaient, comme examinateurs, des protonotaires, chanoines et pères de diverses religions. Un prêtre espagnol, qui devait être examiné en même temps que lui, fut saisi d'une telle appréhension, à la vue d'une aussi auguste assemblée, qu'il tomba en défaillance sur la place et expira quelques heures après, malgré tout ce qu'on put faire pour le sauver.

Le seigneur prévôt ne se laissa point étonner par cet étrange accident. A genoux vis-à-vis de Sa Sainteté, après les interrogations générales, il entendit celle-ci : « En quelle science avez-vous étudié ? » Il répondit : « En droit civil et canon et en la très sainte théologie. » L'examinateur poursuivit : « Sur quelle science voulez-vous être examiné ? » Il répondit : « Sur celle qu'il plaira à Sa Sainteté. » L'examinateur lui dit : « Mais, déterminez. » Il répondit : « Puisqu'on me laisse le choix, et que la théologie est plus convenable à ma vocation, je tâcherai, avec l'aide de Dieu, de répondre aux questions qui me seront faites sur cette science. » Aussitôt, on lui adressa des questions, et on les multiplia jusqu'au nombre de trente-cinq ; et à chacune de ses réponses on opposa de subtiles objections. Il répondit à tout avec une clarté et une force d'argumentation merveilleuses, en même temps qu'avec une simplicité et une humilité qui firent l'admiration de toute l'assistance. « Personne de ceux que nous avons examinés jusqu'à ce jour, dit le Pape aux cardinaux, ne nous avait encore donné si pleine satisfaction. » Et descendant de son trône, et presque oublieux de sa majesté, il alla embrasser l'humble François, lui baigna la joue de ses larmes, et lui dit tout haut ces paroles du chapitre cinquième des Proverbes : « Mon fils, buvez des eaux de votre citerne et de la source de votre puits ; que vos fontaines s'épanchent au dehors, et distribuez vos eaux par les places publiques. » Tous les prélats le félicitèrent à leur tour ; et bientôt sa renommée fut si grande à Rome que chacun rivalisait envers lui d'attentions et d'honneurs.

En attendant l'expédition des affaires qu'il avait négociées, il entra dans l'amitié de plusieurs grands personnages, cardinaux, évêques et religieux, mais surtout du cardinal Borghèse, qui depuis fut Pape sous le nom de Paul V. Le cardinal Baronius ne pouvait se rassasier de son entretien ; et beaucoup d'autres grands personnages faisaient leurs délices de sa compagnie.

Enfin, ayant obtenu des lettres apostoliques par lesquelles Sa Sainteté disposait très prudemment tout ce qui regardait la solide institution des curés et l'entière conversion du Chablais, sans se préoccuper de ses bulles de coadjutorerie dont il abandonna le soin à un autre, le bienheureux François, muni de la bénédiction pontificale, quitta Rome en compagnie du sieur de Chissé, le 31 mars 1599.

Au retour, il voulut passer par Notre-Dame de Lorette. Là, il renouvela tous les vœux qu'il avait faits en sa jeunesse, rendit grâces à la Mère et à son divin Enfant de la santé qui lui avait été rendue et de la conversion de tant d'hérétiques, et fit une nouvelle consécration du reste de ses jours au service de Dieu par de très ardentes affections. De Lorette il vint à Bologne, où il fut fort bien reçu par le révérendissime archevêque ; de Bologne à Milan, où, à son grand contentement, il put se procurer la *Vie de saint Charles* nouvellement imprimée ; de Milan à Turin. Là, son compagnon de route le quitta pour regagner au plus vite la Savoie, où l'appelaient des affaires pressantes. Quant à lui, il fit une ample relation à Son Altesse de tout ce qu'il avait négocié à Rome, et lui fit voir une copie du bref obtenu. Le duc de Savoie en fut content, et, malgré quelques oppositions qui en retardèrent l'enregistrement au sénat de Chambéry, il en ordonna l'exécution, partielle d'abord et par provision, puis bientôt entière et absolue.

Quand le bienheureux François rentra dans Annecy, on ne saurait exprimer la grande joie qu'eut le bon évêque Claude de Granier, en revoyant son cher fils et successeur. La joie du peuple ne fut pas moindre : elle se manifestait par les plus naïves et les plus chaleureuses démonstrations.

CHAPITRE DEUXIÈME.

François complète et consolide la conversion du Chablais (1599-1601).

POUR préserver les catholiques et principalement les nouveaux convertis du Chablais et des autres baillages, pour les préserver de la contagion de l'hérésie, l'apostolique François avait conçu un dessein fort vaste, à la vérité, mais d'un à-propos merveilleux. Les populations de la contrée ne pouvaient se passer de fréquenter Genève ou Lausanne, villes hérétiques, pour se procurer les commodités de la vie, pour acheter ou pour vendre, et, dans ce commerce perpétuel, elles étaient exposées à mille périls de séduction. Les habitants du voisinage avaient également accoutumé de s'en aller en ces villes-là, soit pour y apprendre quelque métier, soit pour s'y placer comme domestiques, soit encore pour y étudier les sciences et les arts libéraux, non sans courir grand risque d'y perdre l'intégrité de la foi. Mais ce qui était plus déplorable et plus dangereux, c'était que si quelqu'un, oublieux de son salut et déserteur de l'orthodoxie, se retirait en ces misérables cités, il y trouvait incontinent des biens, une épouse et autres avantages temporels ; comme, au contraire, quiconque y embrassait la foi romaine, voyait incessamment tous ses biens confisqués. De là venait que plusieurs s'y retiraient pour avoir de quoi vivre ; et que d'autres n'osaient pas en sortir, qui toutefois promettaient d'embrasser la religion catholique, pourvu qu'on leur donnât le moyen de vivre autre part.

C'est en réfléchissant à cette situation que le serviteur de Dieu avait formé le projet de fonder à Thonon une maison qui fût comme une université publique, où l'on enseignerait toutes les sciences, tous les arts, tous les métiers ; une maison, où l'on pût accueillir et instruire dans la foi catholique ceux qui voudraient passer des ténèbres de l'hérésie à la lumière de la vérité : où l'on pût aussi recevoir les anciens et nouveaux convertis de tout sexe, de toute condition et profession, pour y travailler selon leurs aptitudes. Une partie des profits serait consacrée à monter des magasins de marchandises et de toutes choses vénables, et les habitants de Thonon et du voisinage pourraient se les procurer, sans aller à Genève ni à Lausanne.

Ce projet reçut l'approbation universelle, et il sourit beaucoup principalement au révérendissime évêque Claude de Granier et à Son Altesse le duc de Savoie. Il ne restait plus qu'à obtenir l'agrément et la sanction du Pape. Sa Sainteté prit grandement l'affaire à cœur, elle la commit aux soins et à l'examen du cardinal de Gyvry, qui ne s'épargna point pour l'avancer et la conduire à bonne fin. Bref, toutes les difficultés que l'on a coutume de former en la cour de Rome étant surmontées, Clément VIII, Souverain Pontife, érigea perpétuellement cette maison, et l'institua canoniquement par des bulles du 13 septembre 1599. Il voulut qu'elle fût régie et gouvernée par un préfet et sept prêtres séculiers, qui devraient suivre les règles de la congrégation de l'Oratoire de Rome. Il lui concéda, par autorité apostolique, tous les privilèges, immunités, indulgences et grâces, dont les autres universités publiques, notamment celles de Bologne et de Pérouse, ont accoutumé de jouir : lui annexa et incorpora les trois prieurés conventuels de Saint-Joyre, de Nantua et de

Contamine, aussitôt qu'ils viendraient à vaquer ; la mit sous la protection du Saint-Siège et d'un des cardinaux de la sainte Église romaine qui fut d'abord le cardinal Baronius ; établit pour premier préfet celui qui avait eu l'idée de cette création, François de Sales, prévôt de l'église cathédrale de Genève, lui donnant en même temps plein pouvoir et toute autorité de faire, de concert avec ses prêtres, toute sorte de statuts, de les corriger et changer toutes fois et quantes il se-sait besoin, de les interpréter suivant la nature des temps et des circonstances : à l'observation desquels tous ceux du corps seraient obligés. Enfin, il accorda des indulgences plé-nières à tous ceux et celles qui entreraient en la dite maison confessés et communiés, et qui visiteraient son église les jours de fête de Notre-Dame, et là prieraient Dieu aux in-**tentions** du Souverain Pontife.

Les lettres apostoliques étant arrivées, le bienheureux François commença sérieusement cet établissement qui fut appelé *la Sainte-Maison de Thonon;* l'église assignée au nou-vel institut fut celle de Saint-Hippolyte, qui prit le nom de Notre-Dame de Compassion ; l'église de Saint-Augustin, qui en dépendait, fut destinée à l'usage du collège des Pères Jésuites, quand il existerait. Son Altesse donna aussitôt pour la fondation une somme de douze mille écus (1) ; et, entre plusieurs autres, un gentilhomme tout fraîchement converti à la religion catholique, huit mille (2). Après quoi le saint homme mit son esprit à faire des constitutions, conformes le plus possible aux vues de Sa Sainteté, ne s'épargnant pour cela aucune peine, étudiant, priant, consultant.

Ayant terminé ce travail et reçu, par lettres apostoliques, des pouvoirs particuliers pour la rémission des usures et la vali-dation de certains mariages, il fut appelé et se rendit au sy-node diocésain convoqué à Annecy pour le dix-neuf du mois d'avril, où devait être traitée la difficile question des bénéfices.

Il s'en fallait peu que tout ne fût conclu, quand le roi très chrétien, Henri IV, envahit la Savoie ; en même temps les Génevois lui offrirent des soldats pour prendre le Chablais et le Ternier. Le serviteur de Dieu rendit encore de grands services à son prélat dans cette circonstance, soit en allant à Grenoble, près du duc de Nemours et de Génevois, Henri de Savoie, afin d'en obtenir pour Sa Majesté des lettres favora-

---

(1) Quarante-quatre mille cent soixante francs de notre monnaie.
(2) C'est-à-dire vingt-neuf mille quatre cent quarante francs

bles aux catholiques, et qui détournassent le prince de laisser
les ministres rentrer et prêcher en Chablais ; soit, à son
retour, en rédigeant, dans le même but, des articles et requêtes, que le révérendissime évêque présenta à Sa Majesté,
après lui avoir rendu les premiers devoirs. Ce grand roi
reçut le prélat avec de très grandes caresses, lui accordant
volontiers tout ce qu'il avait demandé, se servant même de
ces paroles véritablement royales : « Pour l'amour de Dieu
et de notre saint Père le Pape, et en considération de vous
qui avez toujours bien fait votre devoir, rien ne sera innové
en la province de Chablais contre ce qui a été fait pour
la foi ; et je vous le promets au péril de mon sang. »

Ces belles et chrétiennes paroles rendirent le courage au
bon prélat. Toutefois, le roi étant passé plus outre, ne voilà-
t-il pas que le sieur de Montglan, lieutenant de Sa Majesté
en Chablais, homme hérétique, poussé par les Génevois, con-
fisquait au profit de son maître nombre de bénéfices ecclésiastiques, comme appartenant au duc de Savoie. La chose
était grave et réclamait une prompte solution. Nul n'était
plus propre à traiter cette affaire que le bienheureux François, à cause de son expérience et de sa douceur accoutumée.
Il sort donc d'Annecy pour le Chablais ; mais à peine a-t-il
fait une lieue de chemin qu'il se voit environné de soldats,
qui le constituent prisonnier de guerre au nom du roi, et le
mènent au seigneur de Vitry, leur chef. Or ce brave gentilhomme, l'ayant vu, protesta plutôt être son prisonnier que
lui le sien, et lui offrit toute sorte de services : le seigneur de
Vitry était, en effet, bien avant dans les bonnes grâces du
roi, comme capitaine des gardes de Sa Majesté, chevalier
des deux Ordres, et gouverneur de la ville et du pays de
Meaux. Le serviteur de Dieu lui raconta tout franchement ce
qu'il allait faisant. Le gentilhomme loua son dessein, et promit de lui donner des lettres de recommandation pour le sieur
de Montglan. De fortune, en ce même temps, le roi avait
mis le siège devant le château de Montmeillan, et était à
Chambéry. Il vint en pensée au seigneur de Vitry que ce
vertueux ecclésiastique serait agréable aux yeux de Sa Majesté : c'est pourquoi il offrit au serviteur de Dieu de le présenter, l'assurant qu'il ne retournerait point vide d'auprès du
roi. Mais cet homme, d'un jugement incomparable, le remercia, et lui répondit en cette sorte : « Ce qui me ferait un
très grand honneur, en une autre occasion, me tournerait

maintenant à déshonneur et à blâme, puisque un si grand roi que Sa Majesté est momentanément ennemi de mon prince légitime et naturel. » Certes le seigneur de Vitry ne put qu'admirer grandement sa prudence et modestie. Il le laissa donc aller, et se tint pour très heureux d'avoir fait la connaissance d'un homme si accompli et orné de tant de vertus.

Le bienheureux François continua son voyage, et s'en alla droit à la forteresse des Allinges. Le sieur de Montglan se montra fort courtois à son endroit et fort bien disposé à accueillir ses réclamations : il lui accorda la mainlevée de tous les revenus ecclésiastiques dont il s'était saisi. Le seigneur apôtre pria même le gouverneur de vouloir protéger tous les curés et ecclésiastiques par une spéciale sauvegarde : ce qui lui fut accordé. Il obtint encore de lui que les ministres ne sèmeraient point de nouvelles opinions de religion parmi les peuples nouvellement convertis, mais se contenteraient de prêcher aux soldats leurs coreligionnaires. Cela fait, il descendit vers les habitants du pays : il les consola par de continuelles exhortations ; il releva les courages des pasteurs, rappela ceux qui étaient absents, confirma principalement les prêtres de la Sainte-Maison de Thonon, qui chancelaient, battus de mille appréhensions, comme c'est la coutume en tous les commencements ; et enfin, sur l'ordre de son évêque, il revint à Annecy.

Là, le vingt-cinquième jour d'octobre, on mit la dernière main à l'excellente œuvre de la restitution du Chablais et du Ternier en leur état primitif de pays catholiques. Ainsi, on rétablit et institua trente-cinq églises paroissiales, dont quelques-unes étaient matrices et en avaient d'autres qui leur étaient unies comme filleules. On leur donna des curés et recteurs, trouvés capables par l'examen, et de plus des vicaires à quelques-unes, selon le besoin ; on assigna à tous ces prêtres des revenus convenables. En un mot, tout fut réglé avec prudence et sagesse, pour l'honneur de Dieu et pour l'avancement de la religion.

Tel fut le commencement et telle la fin, tel l'ordre et telle la suite de la conversion et restitution de deux des plus belles provinces de la Savoie, c'est-à-dire du Chablais et du Ternier; telle cette grande et merveilleuse œuvre, entièrement et absolument due aux travaux, études, veilles, voyages, prédications, discours particuliers, épîtres, conseils, industrie, sainteté, soin et persévérance du bienheureux François de Sales :

si bien que, à toute sorte de titres, il mérite d'en être appelé par tout le monde le restituteur, réparateur et apôtre.

CHAPITRE TROISIÈME.

Mort du seigneur de Sales — Voyage de François à Paris. — Mort de Claude de Granier (1601-1602).

SUR le déclin du seizième siècle, le cardinal Aldobrandin, légat du siège apostolique, travaillait à faire la paix entre le roi très chrétien, Henri IV, et le sérénissime duc de Savoie, Charles-Emmanuel : elle fut enfin heureusement conclue à Lyon, dans les premiers jours du siècle dix-septième.

Sur ces entrefaites, le bienheureux François reçut une bien douloureuse nouvelle : le seigneur de Sales, son père, était tellement malade qu'on n'en attendait que la mort, et il témoignait un grand désir de voir son cher fils auprès de lui. Le serviteur de Dieu accourut. On ne saurait dire la consolation que ce bon père reçut de le voir et de lui parler ; plein de vénération pour ce vertueux enfant, il voulut faire en son sein une revue générale de tous les péchés qu'il pouvait avoir commis, reçut le très saint sacrement de l'Eucharistie de ses mains, et, de sa bouche, de très salutaires instructions pour se préparer au voyage de la vie éternelle. Il ne pouvait se rassasier de ses saints et suaves entretiens : mais il en fut privé à partir du carnaval, parce que ce cher fils s'était engagé à prêcher le carême à Annecy.

François ouvrit la station par une prédication excellente dans l'église de Saint-Dominique, et il la poursuivit avec tant d'efficace que les uns disaient que jamais homme n'avait parlé de la sorte, les autres que jamais ils n'avaient si bien conçu l'horreur des vices et la beauté des vertus. Tous les jours on le venait trouver pour des réconciliations ou des restitutions, et la ville d'Annecy se rendait peu à peu semblable à une maison religieuse bien réglée. Mais voilà que, le cinq avril, au moment qu'il montait en chaire, un imprudent messager lui vint dire que son père était mort. Une telle nouvelle eût étonné tout autre ; mais le bienheureux François, joignant les mains et levant les yeux au ciel, adora le Dieu qui vit aux siècles des siècles, et ne laissa pas de faire son sermon à l'ordinaire. Sous forme d'épilogue, il ajouta : « Venant à vous, j'ai appris la mort de la personne à laquelle je suis le plus obligé au monde. Je vous demande deux choses : l'une, que vous me donniez un ou deux jours, afin que je puisse lui rendre les derniers devoirs ; l'autre, qu'il vous plaise de prier Dieu pour l'heureux repos de son âme. » Après ces paroles, il ne put s'empêcher de pleurer.

Il s'en alla donc promptement à Sales. Y étant arrivé, il baigna de ses larmes le corps du défunt, recommanda derechef son âme à Dieu et organisa la pompe funèbre. Lui-même conduisit le deuil, accompagné et suivi de ses frères, cousins, et autres parents et alliés. L'office fut célébré fort solennellement dans l'église de Thorens, et le corps fut ensuite porté au tombeau de famille, dans la chapelle de Sales.

Les funérailles faites, le bienheureux François retourna à Annecy pour le dimanche : il y reprit ses prédications, qu'il continua, avec une bonne moisson d'âmes, pendant tout le carême et même pendant les solennités de Pâques.

A peine respirait-il, quand on vint lui apporter la nouvelle que les hérétiques de Genève s'étaient jetés sur les peuples de Draillans et d'Armoy, et qu'ils avaient laissé en leurs villages des ministres pour en arracher la foi catholique nouvellement plantée, et y relever l'hérésie. Indigné, il part aussitôt pour les Allinges, et obtient du colonel de Brotty, qui y commandait, un escadron de soldats d'élite, pour chasser par les armes corporelles ceux qui, ayant été si souvent vaincus par les spirituelles, appelaient toujours à leur aide la violence et la perfidie. L'expédition heureusement terminée, il rappelle les curés de ces deux paroisses, et confirme en la foi non seulement les habitants de Draillans et d'Armoy, mais encore ceux des paroisses voisines.

De retour à Annecy, il entreprit une nouvelle et glorieuse besogne. Le pays de Gex, qui comptait autrefois trente-sept paroisses, avait été plusieurs fois occupé alternativement par les ducs de Savoie et par les hérétiques, et la religion catholique y avait subi encore plus de vicissitudes que dans le Chablais. Les Génevois dominaient sur cette terre et y exerçaient leur tyrannie, quand, par la paix de Lyon, elle échut au roi très chrétien. C'est pourquoi l'évêque de Genève, Claude de Granier, voulant secourir ces peuples, résolut de députer auprès de Sa Majesté son coadjuteur François de

Sales, avec mission de négocier le rétablissement de la vraie foi dans le pays de Gex. Le serviteur de Dieu partit sur le commencement de l'année mil six cent deux. Edouard de Molain, baron de Luz, était lieutenant du roi en Bourgogne, et toute l'affaire devait lui être communiquée : aussi le bienheureux François prit-il le chemin de Dijon, afin de s'aboucher avec lui et d'en obtenir des lettres de recommandation pour la cour de France.

Avant d'arriver à Mâcon, il fallait passer la Saône en bateau ; mais la rivière était pour lors tellement grosse et furieuse, que les plus hardis n'osaient affronter le passage. Le saint homme, qui avait hâte d'accomplir sa mission, rassura ses compagnons et les bateliers eux-mêmes, et dit qu'il fallait s'embarquer au nom du Seigneur. Au milieu de la rivière, le bateau courait grand risque de sombrer ; et il y en avait déjà qui pensaient à se sauver à la nage, criant et implorant la miséricorde de Dieu ; mais François leva les yeux et les mains au ciel, et, sans se troubler aucunement, il les engagea à avoir bon courage : ils arriveraient difficilement à terre, mais ils ne périraient pas. A partir de ce moment, le bateau, comme soulevé par une puissance mystérieuse, glissa rapidement sur les flots courroucés, et ainsi il atteignit bientôt heureusement l'autre rive. Tout le monde crut ne devoir son salut qu'au bienheureux, et chacun lui en témoignait sa reconnaissance ; mais lui, leur disant qu'il fallait toujours avoir bonne espérance et confiance en Dieu, tâchait de détourner tous ces discours.

Enfin, il arriva à Dijon, et fut très bien reçu du baron de Luz, et grandement honoré de tous les conseillers de la Cour souveraine ; le gouverneur lui donna, à son départ, des lettres de recommandation pour les principaux personnages avec lesquels il aurait à traiter à Paris : elles lui furent très utiles, car ce seigneur avait beaucoup de crédit tant auprès des courtisans qu'auprès du roi lui-même, dont il était particulièrement estimé.

Le 22 janvier, il était à Paris ; sa première visite fut pour le nonce du Pape, auquel il communiqua tous ses desseins. Après cela, ayant été saluer le roi, et lui ayant remis les lettres de l'évêque de Genève et du baron de Luz, il fit à Sa Majesté une prudente harangue sur le sujet de sa députation. Le roi le vit d'un bon œil, et lui promit justice : toutefois il remit l'examen de l'affaire à son ministre Villeroi.

Celui-ci se montra d'abord beaucoup moins favorable ; et ce ne fut qu'après avoir multiplié les mémoires et requêtes, que le serviteur de Dieu obtint gain de cause pour le rétablissement de la religion catholique au baillage de Gex, et la restitution des biens ecclésiastiques usurpés par les Bernois et les Génevois.

Cependant, la renommée publie par toute la ville de Paris que François de Sales est celui qui a converti les peuples voisins de Genève à la religion catholique, qui a eu commission du Pape de sonder l'hérésiarque Théodore de Bèze pour tâcher de le ramener, qui a été élu évêque de Genève après s'être rendu admirable à Sa Sainteté et à tout le collège des cardinaux, enfin qui est très puissant en paroles et en œuvres, s'il en fut jamais : tels étaient les bruits que la princesse Marie de Luxembourg, duchesse de Mercœur, et quelques autres bien affectionnés au nom savoisien, faisaient courir. Aussi, à l'approche du carême, il fut invité de prêcher au Louvre en la chapelle de la reine : il accepta, et tout aussitôt sa doctrine, son éloquence et sa sainteté attirèrent autour de sa chaire non seulement les princes et les courtisans, mais encore les ecclésiastiques de tout ordre et les docteurs de Sorbonne.

Il y avait alors à la Cour une femme du plus haut lignage, qu'on appelait la dame de Perdrieuville, très obstinée en l'hérésie de Calvin. Toutefois elle fut touchée du désir d'entendre le bienheureux François. Le premier lundi de carême, elle était au sermon que le serviteur de Dieu prêcha sur le dernier jugement. Pendant le sermon, pénétrée d'une grande componction de cœur, elle pensa sérieusement à se convertir à l'Église catholique ; et, s'étant adressée en particulier à l'homme apostolique, elle fut promptement convaincue et persuadée par la puissance de ses raisons, et renonça à l'hérésie avec toute sa famille, qui était fort nombreuse.

Cette conversion émut toute la ville de Paris, et fit qu'un grand nombre d'hérétiques, tant par curiosité que pour d'autres motifs, vint ouïr les prédications du bienheureux François. Entre autres, les sieurs de Raconis, d'une des familles les plus considérables de la ville, furent des premiers qui reconnurent par son moyen la beauté de la foi orthodoxe, et vinrent à la lumière de la vérité ; l'un d'eux passa plus outre : car, non seulement il embrassa la foi catholique, mais

VUE DE PARIS, d'après une estampe, à la fin du XVIe siècle.

il considéra si bien la vanité du monde qu'il quitta tout
pour suivre JÉSUS-CHRIST dans le saint ordre des Capucins,
où, sous le nom de Père Ange, il devint un très célèbre
prédicateur. Bref, le grand serviteur de Dieu convertit un très
grand nombre d'hérétiques, encouragea plusieurs personnes
du siècle à quitter les vanités, et induisit une multitude
presque innombrable de pécheurs à se repentir de leurs fautes
passées.

Le carême achevé, la princesse de Longueville, Catherine
d'Orléans, qui lui en avait surtout fait accepter la charge,
ne sachant comment le récompenser dignement, lui envoya
par son maître d'hôtel une très belle bourse pleine d'écus
d'or au soleil. Le serviteur de Dieu, tout confus, remercia
la princesse en la personne de celui qu'elle avait envoyé :
« Madame la princesse, dit-il, m'a fait plus d'honneur que
je n'en ai mérité, lorsqu'elle a voulu que je préchasse le
carême ; et c'est de quoi je ne sais comment lui témoigner
ma reconnaissance. Elle me trouvera toujours prêt à lui
obéir en des choses plus difficiles. Je suis seulement marri de
n'avoir répondu ni à la dignité de l'auditoire, ni à la célébrité
de la chaire : mais il ne faut point attribuer ce défaut à ma
bonne volonté, car il ne vient que de la petitesse de mon
esprit et de la rudesse de ma langue. Au reste, Monsieur, je
donne gratuitement ce que Dieu m'a donné de même, et ne
demande point d'autre récompense que celle qui est préparée au ciel pour ceux qui cultivent la vigne du Seigneur :
c'est pourquoi je vous prie de remporter cet or à Madame,
car je la remercie très humblement. »

Les princes admirèrent ce désintéressement et ce mépris
des choses du monde. Dès lors la renommée de sa doctrine
et sainteté s'épancha de Paris par toute la France. Les
plus grands personnages ambitionnaient sa familiarité ; sur
tous, Jacques David du Perron, évêque d'Évreux, et depuis
cardinal, homme de grand mérite, contracta avec lui une
sainte amitié, et fit tant par ses éloges que le roi voulut
l'entendre prêcher. François se rendit donc à Fontainebleau,
où Sa Majesté avait passé le carême ; et prêcha devant
elle, le dimanche de Quasimodo, si doctement et si éloquem-
ment qu'au sortir du sermon le roi se mit à dire : « On ne
m'a point trompé : ce savoisien est sûrement un grand personnage ; je n'ai jamais ouï un plus puissant orateur ; et en
vérité il mérite une plus haute fortune que celle qu'il a. »

Sa Majesté prit un plaisir singulier à s'entretenir avec le coadjuteur de Genève ; et elle avait coutume de dire que c'était un prélat comme il s'en rencontre peu, à la fois gentilhomme, docte et dévot. Or, il lui fut bien avantageux, pour les affaires qu'il traitait, d'être connu et aimé du roi : car il avait affaire avec des personnes fort froides.

Sur ces entrefaites arriva à Paris la triste nouvelle du trépas de Philippe-Emmanuel de Lorraine, duc de Mercœur et de Penthièvre, prince de Martigues et du très saint Empire romain, général des armées de l'empereur au royaume

Château de Fontainebleau.

de Hongrie ; et la très illustre princesse Marie de Luxembourg, sa veuve, pria le bienheureux François de faire l'oraison funèbre. Il accepta cette charge ; et, le 27 avril, il prononça à Notre-Dame, devant l'auditoire le plus noble et le plus imposant, un éloge magnifique qui dura deux heures ; et parce que cette pièce contenait un véritable récit des héroïques faits du défunt, on supplia l'auteur de la livrer à l'impression, afin qu'elle pût être lue de toute la France : à quoi son humilité ne put se refuser.

Ainsi sa renommée allait croissant de jour en jour ; les églises et les communautés de la ville et du voisinage se disputaient l'honneur d'entendre sa parole, comme aussi l'avantage de prendre ses conseils sur toute sorte de matières ; et on le tenait si occupé qu'à peine lui restait-il du temps pour ses repas et pour le sommeil. Il avait un don particulier pour toucher le cœur des hérétiques ; ce qui faisait dire à l'évêque d'Évreux, quand on lui amenait de ces malheureux : « Que voulez-vous de moi ? que je les convainque ? avec l'aide de Dieu, j'espère en venir à bout ; mais si vous voulez les convertir, conduisez-les à Monsieur de Genève. »

L'envie ne pouvait manquer de s'attaquer à tant de vertu ; et parce que dans l'église où était enterré le maréchal de Biron, décapité comme criminel de lèse-majesté, il avait jeté un soupir sur le sort de cet homme de guerre véritablement très vaillant, des jaloux s'en allèrent dire au roi que ce prêtre savoisien avait des attaches avec les conspirateurs. Henri IV n'ajouta guère de créance à cette calomnie ; mais il ne laissa pas d'entrer en quelque sorte de soupçon.

Averti de ce qui se passait au moment de monter en chaire, François n'en fut aucunement troublé. Après le sermon, comme on était surpris du sang-froid qu'il avait su garder : « Je m'étonnerais, répondit-il, si j'étais véritablement coupable ; mais, étant innocent, j'ai confiance au Seigneur. Tant s'en faut que j'aie peur, que tout de ce pas je m'en vais au roi, espérant que Dieu aura soin de ma réputation, si elle sert tant soit peu à sa gloire. » Il s'en alla tout droit au Louvre, et aborda Sa Majesté avec un visage très serein. Le roi le prévint et lui dit : « Non, non, Monsieur, vous n'avez pas besoin de vous justifier, car je n'ai jamais pensé mal de vous ; mais je ne saurais empêcher les langues de s'exercer sur ceux qui sont auprès de moi. » Le serviteur de Dieu le remercia très humblement : « Sire, dit-il, je ne suis point si fort intelligent aux affaires d'État que je me mêle de les traiter ; et si j'y entendais ou que je voulusse y entendre quelque chose, ce ne serait pas par une si grande méchanceté que je voudrais faire mon apprentissage. »

Le roi, charmé de sa franchise, ne cessa dès lors de le louer à tout propos. « Monsieur de Sales est véritablement un homme de Dieu, disait-il ; il possède toutes les vertus et n'a pas un vice : il est doux, facile, humble de cœur, très

dévot et religieux sans scrupule, et tout à fait capable pour
combattre et chasser les hérésies et nouveautés. » Enfin, ce
grand monarque faisait un tel état de ce saint homme, qu'il
essaya tous les moyens de le retenir auprès de lui. Il alla

Portrait du cardinal Pierre de Bérulle, général de l'Oratoire
en France, d'après la gravure de B. Audran, XVIIe siècle.

même jusqu'à lui donner parole de le nommer au premier
archevêché ou riche évêché vacant, et il lui assigna en attendant une grosse pension. Mais cet homme sans tache remercia

le roi très humblement, et refusa des offres si bienveillantes avec une constance inébranlable, qui fit l'admiration du monarque et de toute la cour.

Il se tenait alors à Paris de saintes assemblées en la maison du sieur Acarie, auprès de Marie Avrillot, sa femme, auxquelles assistaient des personnages non moins illustres en sainteté qu'en doctrine, entre autres Pierre de Bérulle, supérieur général de l'Oratoire de France et plus tard cardinal. Ces dévots personnages invitèrent François à leurs réunions, et le choisirent pour leur directeur et père spirituel. Ils tiraient grand profit de ses avis et de sa conduite ; et lui s'édifiait beaucoup de la sainte vie de ces belles âmes. Dans ces assemblées il fut résolu, par son conseil et selon le désir de madame Acarie, d'envoyer en Espagne pour avoir des religieuses carmélites de sainte Thérèse. Le projet réussit heureusement, et Paris posséda bientôt un monastère de carmélites déchaussées, où la damoiselle Acarie, après la mort de son époux, prit le voile sous le nom de sœur Marie de l'Incarnation, et s'éleva rapidement à une haute perfection. Du reste, même avant qu'elle s'enfermât dans le cloître, cette pieuse femme, par ses rares vertus, faisait l'admiration de son saint directeur.

Parmi toutes ces belles actions, le serviteur de Dieu en produisait encore d'autres merveilleuses pour la conversion des hérétiques et des pécheurs. Un jour qu'il prêchait en l'église d'un monastère, il lui arriva de quitter subitement son sujet, pour y revenir bientôt avec une adresse consommée, et de se jeter dans les matières de controverse, qu'il traita avec tant de piété et de doctrine qu'une dame de grande qualité et de jugement non moindre ne put s'abstenir de dire au moment même : « Ce n'est pas monsieur de Genève qui parle maintenant, c'est le Saint-Esprit qui parle par sa bouche ; et vous verrez tout à l'heure la preuve de mon dire par quelque grand effet. » Certes, il en fut ainsi : car, la prédication terminée, une dame hérétique se trouva tellement convaincue par les raisons qu'il avait apportées, qu'elle ne tarda pas à abjurer l'erreur entre ses mains.

Enfin, après neuf mois de séjour à Paris, il pensa à son retour ; il reçut des lettres de Sa Majesté pour la restitution de la foi catholique au bailliage de Gex ; et, après avoir fait mille remercîments, il partit emportant les regrets de tous ceux qui l'avaient connu.

Il apprit en chemin la mort de son révérendissime père Claude de Granier, de laquelle il fut tellement touché et frappé qu'après avoir adoré Dieu il donna un libre cours à ses larmes et pleura fort. Ce prélat, d'une vie irrépréhensible, gentilhomme de très ancienne noblesse, après avoir passé plusieurs années dans la religion de saint Benoît, avait gouverné l'église de Genève pendant vingt-cinq ans. Il était austère en ses habits et en son vivre, content de peu, puissant et hardi défenseur de la liberté ecclésiastique, docte et éloquent par dessus la médiocrité, très libéral envers les pauvres, très détaché des biens de ce monde dont il ne faisait pas plus de cas que de la fumée et d'un fétu. Il mourut tout blanc comme un cygne, accablé de beaucoup d'infirmités, à Pollinge, en revenant du jubilé de Thonon, le 17 du mois de septembre 1602 ; il fut enterré à Annecy dans le sanctuaire de l'église de Saint-François, qui sert de cathédrale : et les peuples croient qu'il jouit de la félicité céleste.

La triste nouvelle avait surpris le coadjuteur à Lyon : il était encore trop éloigné pour pouvoir assister aux funérailles, outre qu'il avait encore certaines affaires à régler en cette ville. Il pressa toutefois son départ le plus qu'il put, afin qu'un si ample diocèse ne fût pas longtemps privé du secours d'un pasteur : et, étant entré dans la Savoie, il n'alla pas droit à Annecy, mais à Sales. C'est là que l'homme de Dieu voulut se préparer à la solennité de son sacre. Il ne fut pas plus tôt arrivé qu'on lui envoya des députés de la ville d'Annecy, des chapitres de l'église cathédrale et des collégiales, et de tous les corps de ville de son diocèse, avec des lettres de congratulation. Il écrivit au Père Jean Forier, de la Compagnie de Jésus, pour le prier de venir de Thonon à Sales, désirant l'avoir comme directeur en la revue qu'il voulait faire de toute sa vie.

CHAPITRE QUATRIÈME.

François se prépare à son sacre par une retraite. — Cérémonie du sacre (1602).

LAISSANT de côté toute autre affaire, le bienheureux François commença une retraite spirituelle : il y demeura l'espace de vingt jours presque en solitude, et, par prières, jeûnes, macérations et semblables exercices, il se prépara à la confession générale de ses péchés ; après quoi il se prescrivit lui-même une règle de vie, dont il soumit toutes les dispositions à l'approbation de son sage directeur. Nous allons citer les principales.

« Et d'abord quant à l'extérieur, dit-il, François de Sales, évêque de Genève, ne portera ni habit ni bas de soie, ni vêtements plus précieux qu'il n'en a porté ci-devant ; toutefois ils seront propres et bien ajustés. Jamais il n'ira à l'église, ni même en ville, sans le rochet, le camail et le bonnet carré ; sauf le rochet, son costume sera le même à la maison, autant que possible. Il n'aura ni escarpins, ni gants parfumés ou de grand prix, ni rien autre chose qui sente la vanité du monde, mais seulement ce qui sera de convenance ou de nécessité. Sa ceinture pourra être de soie, non pas cependant de soie précieuse, et il y suspendra son chapelet. Sa tonsure sera toujours bien marquée ; il n'y aura aucune recherche en la façon de sa barbe.

« Il tâchera de n'avoir point de serviteurs inutiles. Il aura un majordome ecclésiastique, un secrétaire, deux valets de chambre, l'un pour lui et l'autre pour sa famille épiscopale (¹); un cuisinier avec un aide, et un laquais. Tous ces serviteurs seront vêtus simplement, et ne porteront point d'habits de couleur trop éclatante. Ils se lèveront à cinq heures du matin ; mais les jours solennels, où on chante les matines, à quatre heures. Ils se coucheront à dix heures du soir ; mais, au préalable, ils s'assembleront pour faire la prière et l'examen de conscience en commun avec l'évêque. Ils entendront tous les jours la messe ; et, les dimanches et fêtes, tout l'office divin en l'église cathédrale. Ils se confesseront et communieront tous les seconds dimanches du mois, selon les statuts de la confrérie des Pénitents de la Sainte-Croix, en laquelle ils s'enrôleront. — En chaque chambre il y aura un oratoire avec quelque dévote image, et de l'eau bénite ; deux appartements seront seuls tapissés, c'est à savoir : la chambre de réserve pour les étrangers, et la salle de réception. Il y aura toujours quelqu'un qui aura soin de recevoir ceux qui se présenteront ; et celui-là sera gracieux et courtois, traitant tout le monde, et principalement les ecclésiastiques, avec prévenance et respect. — La table sera frugale, mais toutefois propre et décente. Les prêtres, autant qu'il se pourra

_____
1. C'est-à-dire pour les ecclésiastiques qui composeraient sa maison. (Note des éditeurs).

faire, y tiendront les premières places. On lira quelque livre de dévotion jusques à moitié du dîner ou du souper ; le reste sera donné à des discours honnêtes. L'heure du dîner sera à dix, celle du souper à six ; les jours de jeûne, le dîner sera à onze heures sonnées, et la collation se fera debout à sept heures. — Il y aura distribution publique d'aumônes les mêmes jours que sous l'ancien évêque ; et elles seront plus grosses en hiver qu'en été, parce qu'alors les pauvres en ont plus de besoin. Quant aux aumônes particulières et extraordinaires, l'esprit de Dieu enseignera ce qu'il faudra faire.

« Toutes les fêtes de commandement, l'évêque assistera aux offices de la cathédrale, et même à matines les jours solennels. Il officiera lui-même aux dix principales fêtes de l'année. Il assistera, autant qu'il pourra, aux offices et exercices des confrères de la Sainte-Croix, du Très-Saint-Sacrement, du Cordon, mais principalement de la Sainte-Croix, à cause de la communion qui s'y fait et qu'il tâchera de donner le plus souvent possible. »

Le saint prélat ne se contenta pas de régler ainsi l'extérieur : il se fit, pour sa conduite intérieure et privée, des règlements non moins sages.

« François de Sales fera en sorte d'apprendre tous les jours quelque chose d'utile et en rapport avec sa profession. Ordinairement il pourra avoir pour étudier les deux heures qui sont entre sept et neuf du matin ; après souper, il fera lire quelque livre de dévotion l'espace d'une heure. — Le matin, après l'action de grâces accoutumée qui suit le réveil, après l'invocation de l'aide de Dieu, et l'offrande de lui-même, il fera une heure de méditation. Pendant la journée, il se tiendra toujours en la présence de Dieu, et l'invoquera à toutes occasions : il usera pour cela d'aspirations ou oraisons jaculatoires, vocales ou mentales, qu'il tirera de la méditation du matin ou des divers objets qui se présenteront. Il récitera l'office debout ou à genoux : les petites heures, après la méditation ; vêpres, complies et le chapelet avant le souper ; matines et laudes, sur le soir, après la lecture du livre de dévotion.

Il sortira le matin à neuf heures pour offrir le très saint sacrifice de la messe : en y allant, il s'occupera des considérations et affections les plus capables d'exciter la piété envers ce grand mystère. Arrivé à la sacristie, il fera sa préparation, ni trop courte ni trop longue, pour ne point fatiguer ceux qui attendraient ; l'action de grâces sera de même. Il ne sera pas mal à propos que, les jours où il y aura quelque dévotion particulière dans une église, il y aille célébrer la messe, afin que le peuple trouve toujours son évêque en tête de toutes les bonnes pratiques. — Il se choisira le plus capable confesseur qu'il pourra, et ne le changera pas sans nécessité ; il se confessera de deux en deux, ou de trois en trois jours, et quelquefois à la vue de tout le monde, pour servir d'exemple à tous. — Outre les jours de jeûne prescrits par l'Église, il jeûnera toutes les veilles des fêtes de Notre-Dame, et tous les vendredis et samedis. — Tous les ans, il fera au moins huit jours de retraite spirituelle, pendant lesquels il examinera ses succès et progrès depuis l'année passée : il repassera et accusera ses principales offenses, conférera avec son confesseur de ses mauvaises inclinations et difficultés au bien, et renouvellera tous les bons propos et desseins que Dieu lui avait inspirés ; il fera beaucoup de prières, surtout mentales ; il célébrera et fera célébrer des messes en ce temps, pour obtenir du ciel les grâces nécessaires à sa propre conduite et à celle de son église. »

Telles sont les principales constitutions que cet homme apostolique se prescrivit avant de recevoir l'onction épiscopale, et qu'il voulut être signées de la main de son directeur le Père Jean Forier.

Le jour de la solennité du sacre approchant, une très grande multitude de seigneurs et de personnes de qualité se rendirent à Sales, de tous les coins de la Savoie. La cérémonie devait avoir lieu le huit décembre, fête de l'Immaculée Conception de la Vierge Marie. L'église de Thorens fut magnifiquement décorée, et on y prépara tout ce qui était nécessaire pour la circonstance. Le prélat consécrateur devait être Vespasien Gribaldi, ancien archevêque, comte de Vienne en Dauphiné ; et les prélats assistants, Thomas Pobel, évêque de Saint-Paul-Trois-Châteaux, et Jacques Maistret, évêque de Damas, de l'ordre des Carmes. Les chanoines de la cathédrale députèrent quatre d'entre eux pour servir et assister au sacre, et permirent aux autres qui voudraient y aller aussi, de s'absenter du chœur ; et, pour donner plus d'éclat à la solennité, tous les musiciens s'y rendirent, tant ceux de la cathédrale que ceux de la collégiale de Notre-Dame.

La cérémonie commença de bonne heure à Thorens. Tout se passait à l'ordinaire, quand un fait merveilleux se produisit, qui remplit d'admiration toute l'assistance.

Pendant que le bienheureux élu était à genoux aux pieds de son consécrateur et plongé dans un profond recueillement, voilà qu'il est tout particulièrement environné de la divinité, et que la très sainte Trinité se manifeste à lui d'une façon inénarrable; le voilà qu'il se voit assisté de la très glorieuse Vierge Marie, et des apôtres saint Pierre et saint Paul : la lumière divine resplendit sur tout son extérieur et l'environne d'une incomparable majesté; son visage s'enflamme et rayonne d'un feu céleste. Il resta ainsi en extase l'espace d'une demi-heure ; après quoi il tomba en défaillance, mais se releva bientôt au grand étonnement d'un chacun, et assura que ce n'était rien et qu'il se portait bien. On continua alors la cérémonie, pendant laquelle il vit clairement et distinctement la très auguste Trinité opérer invisiblement en son âme tout ce que les évêques consécrateurs faisaient visiblement et tout ce que signifient les rites sacrés, imposition des mains, onction, imposition de la mitre, tradition des gants, de l'anneau, de la crosse, etc......

Après cela, il fut assis par le consécrateur dans le faldistoire, comme sur son trône ; puis, pendant que les musiciens chantaient puissamment l'hymne de réjouissance, il fut conduit solennellement par toute l'église, pour donner la bénédiction au peuple ; et les dernières cérémonies étant achevées par l'action de grâces, on se retira en paix. Mais le saint homme était tellement transfiguré par ses communications intimes avec la divinité, qu'il avait plus l'apparence d'un citoyen du ciel que d'un habitant de la terre.

Après son sacre, il resta encore quelques jours à Sales, et envoya cependant à Annecy son cousin, le chanoine Louis, prendre en son nom possession de l'évêché de Genève. Le quatorze décembre, un samedi, fut le jour qu'il choisit pour faire son entrée dans sa ville épiscopale. Toute la marche fut un véritable triomphe. On s'organisa en procession à la chapelle de Notre-Dame de Pitié, au faubourg du Bœuf. En tête du cortège marchaient les religieux des différents ordres, deux à deux ; puis venait le clergé de l'église paroissiale de Saint-Maurice, les chanoines de la collégiale de Notre-Dame, le chapitre de la cathédrale, dans le costume et les ornements des plus grandes solennités ; enfin, précédé et suivi de dignitaires ecclésiastiques et de porte-insignes, sous un dais que portaient les syndics de la ville, le nouveau Pontife s'avançait gravement, bénissant le peuple agenouillé d'un côté et de l'autre de la route. Derrière le dais se pressaient les magistrats, la noblesse, la bourgeoisie et une grande foule de peuple. Les carillons des cloches, les décharges de mousqueterie, les chants et les acclamations mille fois répétées témoignaient partout de l'allégresse publique.

Arrivé à l'église de Saint-François, qui sert de cathédrale et qui avait été décorée à merveille pour la circonstance, le bienheureux évêque adora le Très-Saint-Sacrement, baisa l'autel, et monta à son trône : alors le docteur Nouvellet prononça une très belle harangue, et souhaita toute sorte de félicités et bénédictions célestes au pontife et à son église. Après quoi, le *Te Deum* ayant été chanté solennellement et la bénédiction donnée, chacun se retira, car il était déjà nuit.

Le lendemain, troisième dimanche de l'avent, le saint monta en chaire, et nourrit ses brebis du miel de son éloquence : il annonça la Nativité du Sauveur du monde avec une suavité et des louanges nonpareilles ; comme s'il eût été ravi en extase, il raconta à son peuple, sans s'en apercevoir, toutes les merveilles qui s'étaient accomplies en lui lors de son sacre : il en fut depuis lui-même tout surpris et confus.

LIVRE QUATRIEME.

Depuis le commencement de son épiscopat

jusqu'à la fondation de la Visitation

(1602–1610).

CHAPITRE PREMIER.

François organise sa maison épiscopale — institue les catéchismes — travaille à la formation de son clergé et au salut des âmes dans son diocèse (1602-1603).

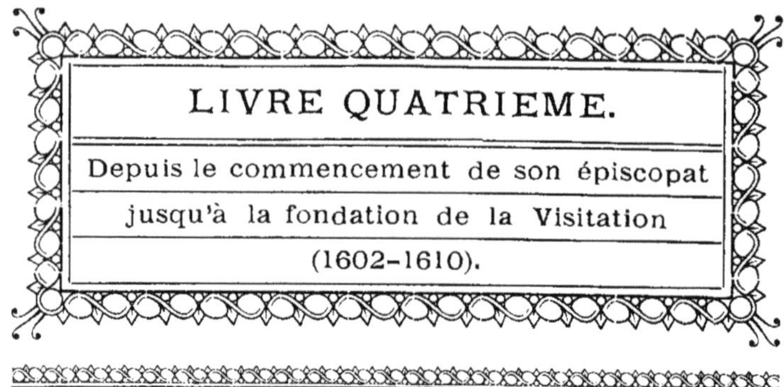

A PEINE le bienheureux eut-il pris possession de son siège, qu'il appliqua aussitôt son esprit aux affaires urgentes de son diocèse. Tout d'abord il choisit les officiers publics qui l'aideraient à porter le fardeau de la charge épiscopale, savoir : le vicaire général et son substitut, l'official, les secrétaires et autres. Il désigna pour ces différentes fonctions les ecclésiastiques les plus propres à les remplir et les plus recommandables. Il leur attribua un revenu honnête, et leur prescrivit d'expédier les affaires promptement et gratuitement, sans acception de personnes ; il réduisit aussi notablement les droits qu'on avait coutume de percevoir pour la délivrance de certaines pièces et pour différentes écritures.

Il institua incontinent les catéchismes, œuvre des plus excellentes et des plus fécondes en fruits de salut. On les inaugura en l'église de Notre-Dame ; puis on les transféra en l'église de Saint-Dominique, qu'on jugea plus propre à ces exercices. Le serviteur de Dieu mit lui-même l'affaire en train par une très belle et fervente exhortation. Bientôt le nombre de ceux qui se rendaient à ces instructions devint si considérable qu'on dut les diviser en trois classes, selon le sexe et l'âge. Tous les jours de dimanche, l'heure de midi étant sonnée, vous eussiez vu marcher par les rues un jeune homme vêtu d'une casaque bleue, sur laquelle, par devant et par derrière, était écrit le saint nom de JÉSUS en caractères d'or ; il sonnait une clochette, et allait criant : «Venez à la doctrine chrétienne; on vous y enseignera le chemin du Paradis ! » Alors tous s'assemblaient en leurs chapelles réservées et prenaient leurs places ; et, aussitôt que le catéchiste avait fléchi les genoux devant l'autel, deux chantres, l'un à sa droite, l'autre à sa gauche, entonnaient l'hymne du Saint-Esprit. L'oraison étant dite, le prêtre montait en chaire, et alors commençait la récitation, par demandes et par réponses, de quelque partie du catéchisme de Bellarmin, que le catéchiste expliquait ensuite le plus clairement qu'il lui était possible, interrogeant même souvent sur ce qui venait d'être expliqué, et l'appuyant par des comparaisons et des exemples. Le saint évêque s'employait ordinairement à cette œuvre avec ses chanoines, tour à tour. L'heure étant écoulée, on chantait, ou en musique, ou à simple voix, ou avec accompagnement d'orgue, quelque dévôt cantique composé par le bienheureux lui-même ou par un autre ; certes il appliquait quelquefois son esprit, par manière de récréation, à cette sorte de poésie, ou bien il choisissait quelque psaume de David de la belle et admirable traduction de Philippe Desportes, abbé de Thiron, au diocèse de Chartres : les musiciens étaient ensuite chargés d'adapter des airs aux paroles. Quand il assistait aux catéchismes, et que les enfants récitaient bien ou répondaient pertinemment à ses demandes, il ne manquait pas de leur donner des images, des médailles, des chapelets, des *Agnus Dei*, de petits livres de prières, et autres choses semblables qu'il portait toujours avec soi pour les récompenser.

Le saint évêque avait trouvé établies dans la ville d'Annecy certaines coutumes aussi préjudiciables à la piété qu'aux bonnes mœurs : il les proscrivit hautement, et, grâce à des mesures énergiques, il parvint à les déraciner entièrement. Il fut même assez heureux pour leur substituer des habitudes de piété très salutaires : celle, par exemple, de distribuer au catéchisme le nom du saint ou de la sainte, que chacun honorerait plus particulièrement tout le long de l'année ; ou celle de faire, au son de l'horloge, le signe de la croix sur soi, avec quelque acte de dévotion ou quelque aspiration, en mémoire de la Passion de notre Sauveur.

Au reste, le bel ordre que le bienheureux prélat avait établi dans sa maison épiscopale, était pour toute la ville un grand sujet d'édification. On ne pouvait rien voir de plus modeste que ses serviteurs, rien de plus prompt à toutes les actions de piété : il n'y avait parmi eux ni querelles, ni noises, ni jeux de hasard ; vous eussiez dit que le palais de ce grand prélat était un monastère bien réglé. Les femmes n'avaient aucun accès dans les appartements intérieurs ; si on devait traiter avec elles de quelque affaire, on les recevait dans la galerie ou dans la salle. Le saint homme n'en voulut jamais prendre aucune à son service, pas même pour le soin de la lingerie. « Tant s'en faut, disait-il, que j'ajoute à ma domesticité une personne de ce sexe, quelque âgée et quelque recommandable qu'elle puisse être, que je ne désire en aucune façon loger sous mon toit ma chère et vénérée mère. »

Quand le carême arriva, François pria son très cher directeur, le révérend Père Jean Forier de prêcher la parole de Dieu à ses peuples ; ce grand religieux accepta cet office avec empressement, et s'en acquitta à souhait : il eut pour auditeur assidu le prélat apostolique, et il recueillit une belle moisson. Cependant l'évêque accomplissait diligemment tous les devoirs de sa charge. Le samedi des quatre-temps, il célébra les Ordres généraux en l'église de Saint-François ; parmi ceux qu'il promut au sacerdoce, se trouva un vertueux étranger, qui, par une grâce spéciale de Dieu, jouissait de la vue de son bon ange. Au sortir de l'église, le nouveau prêtre s'arrêta à la porte et y demeura, dans l'attitude de quelqu'un qui veut céder le pas à un autre. Le bienheureux prélat, étant survenu à ce moment, remarqua la chose et tira à part cet ecclésiastique, qui lui avoua franchement qu'il disputait avec son bon ange : « et la raison en est, dit-il, que devant que je fusse prêtre, il me précédait toujours ; et maintenant je me suis arrêté parce qu'il s'arrêtait aussi à la sortie, et ne voulait point passer devant moi ». Le serviteur de Dieu admira cette merveille, et la cita souvent depuis, en célébrant les Ordres, pour recommander la dignité sacerdotale.

Mais, quoiqu'il fût élevé si haut que d'être évêque, il n'avait garde de se flatter en sa façon de vivre. Il observait rigoureusement l'abstinence et le jeûne, et se donnait la discipline bien souvent jusqu'au sang : c'est le témoignage de son confesseur, auquel il la remettait quelquefois toute sanglante pour la réparer. Il faisait les exercices des Confrères pénitents de la Sainte-Croix, et leur adressait la parole tous les vendredis de carême. La nuit du jeudi saint, il fut remarqué parmi eux, en la procession générale, couvert d'un sac et pieds nus,

se cachant dans la foule pour qu'on ne pût le reconnaître ;
enfin, il ne conseillait point d'exercice de piété ou de pénitence qu'il n'accomplît lui-même.

Après Pâques, il s'en alla à Turin pour remercier le duc
sérénissime : il y fut reçu de la manière la plus cordiale, et
obtint beaucoup de choses en faveur de ses enfants des baillages de Chablais, Ternier et Gaillard. Ayant alors appris que
le révérendissime évêque de Saluces, Juvénal Ancina, était à
Carmagnole, il l'alla voir, à cause de l'amitié qu'ils avaient
contractée ensemble à Rome. Le vertueux prélat devait ce
jour-là, 3 mai 1603, officier pontificalement en l'honneur
de son patron, saint Juvénal, évêque et confesseur, dont la
fête se rencontre avec celle de l'Invention de la sainte Croix.
Le pieux Ancina conduisit donc son saint hôte à l'église, et
le pria de prêcher en sa place. Le bienheureux François y
consentit, et traita des louanges de la très sainte Croix avec
tant d'éloquence, de piété et d'énergie que tous les auditeurs
en étaient dans le ravissement. A la sortie de l'église, l'évêque de Saluces, voulant complimenter le prédicateur, lui dit,
faisant allusion à son nom de Sales : « *Tu vere sal es — Vous
êtes le sel de la terre ;* » à quoi le saint répondit très modestement par un autre jeu de mots sur le nom de Saluces : « *Imo
tu sal et lux es, ego vero neque sal neque lux. — C'est bien vous
qui êtes sel et lumière, et moi je ne suis ni l'un ni l'autre ;* » et
depuis lors ils se servirent de ces mots latins comme de devi-
ses, quand ils s'écrivaient l'un à l'autre.

Le bienheureux François, s'étant remis en route, fit, en
passant, un pèlerinage à Notre-Dame de Mondovi, où s'opéraient de très grands miracles par l'intercession de la glorieuse Vierge ; et il arriva à Annecy pour les fêtes de la
Pentecôte. Le dimanche de la très sainte Trinité, il monta en
chaire, et déclara tout ce qu'il voulait être observé à la solennelle procession de la fête du Très-Saint-Sacrement. Il voulut
ce jour-là porter lui-même le corps du Sauveur du monde :
ce qu'il fit avec des sentiments de piété extraordinaires et à
l'édification de toute la ville.

Sur ces entrefaites, les échevins de la ville de Dijon, connaissant les merveilles de grâce qu'opérait partout la parole
de l'homme apostolique, lui écrivirent pour le prier d'honorer
leur chaire principale de ses prédications pendant le saint
temps de l'avent. François en référa au Pape et au sérénissime duc de Savoie. Ce dernier, pour des raisons d'état,

refusa de prime abord la permission sollicitée : de sorte qu'il ne fallut plus penser à la station de l'avent. Mais les Dijonnais s'avisèrent d'écrire au duc, qui, voyant leur grande affection, consentit à la fin. C'est ainsi qu'ils obtinrent pour le carême le prédicateur qu'ils avaient tant souhaité.

En attendant, le pieux prélat ne demeura pas inactif. Il avait bien profondément à cœur le rétablissement de la religion catholique au baillage de Gex ; et le roi de France n'en était pas seulement consentant, mais il le voulait. Le duc Roger de Bellegarde, pair et grand écuyer de France, gouverneur de Bourgogne, Bresse, Beugey, Valromey et Gex, se trouvant alors à Belley, François s'y rendit, et de là à Gex avec le gouverneur lui-même. Les ministres firent tous leurs efforts pour éluder l'arrêt du parlement de Dijon et la volonté du roi ; mais le saint prélat fit triompher la cause de la vraie foi : il obtint entière mainlevée des revenus que les ministres tiraient sur les bénéfices ecclésiastiques, et put ainsi pourvoir à l'établissement et à l'entretien de fidèles pasteurs des âmes. Il fit plus : après un jour entier de disputes, il convertit à la religion catholique deux gentilshommes de qualité, et leur fit abjurer les erreurs de Calvin, en présence d'une foule d'illustres seigneurs attachés comme eux à la suite du duc de Bellegarde. Il ramena encore un bon nombre d'autres égarés : ce dont les ministres pensèrent enrager. Aussi essayèrent-ils de se défaire de lui par le poison, et il ne tint pas à eux qu'il n'en mourût. Il fut, en effet, subitement saisi d'une fièvre très violente, de laquelle on crut bien qu'il ne sortirait que par la porte de la mort. Heureusement les médecins, ayant reconnu la cause de la maladie, lui donnèrent du contrepoison et ainsi le sauvèrent.

Étant tout à fait remis, il entreprit d'Annecy, où il était rentré, à Notre-Dame de Compassion de Thonon, un pèlerinage qu'il voulut faire à pied, pour remercier Dieu et la glorieuse Vierge, tant de la santé qu'il avait recouvrée que de la conversion des peuples de Chablais, Ternier, Gaillard et Gex. C'était au mois de septembre, où les chaleurs sont encore très grandes ; et l'on ne saurait bonnement dire toutes les fatigues qu'il endura pour cet effet. Ses pauvres enfants de Thonon furent touchés aux larmes de le voir en cet équipage, exténué de cette longue route de douze lieues savoisiennes qu'il avait fournie. Lui, de son côté, n'était pas moins ému en revoyant ces lieux, où il avait tant travaillé et tant souffert. Les syndics et les principaux de la ville lui vinrent au-devant, et l'introduisirent en l'église de Notre-Dame, tout baigné de larmes et de sueur. Mais ceux qui ressentirent une extrême joie de son arrivée, ce furent les prêtres de la congrégation nouvellement érigée, de laquelle il confirma solennellement l'institution. Il affermit les esprits des Thononais dans la vraie foi, et ébranla bon nombre de ceux qui étaient restés obstinés dans l'hérésie, et les ramena au giron de la sainte Église, leur mère. Il s'occupa aussi de rétablir à Thonon les coutumes du culte catholique. Un jour qu'il bénissait le cimetière du faubourg Saint-Bon, voilà que, au moment de la procession, l'air se couvre de nuées, et survient une tempête, mêlée de vents, de grêle, d'éclairs et de tonnerres effroyables. Les hérétiques, venus pour voir la cérémonie qu'ils traitaient de superstitieuse, de railler alors le saint évêque et de dire en haussant les épaules: « Voyez-vous comme Dieu punit ces papistes ? » Mais lui, entendant ces paroles, les releva de la sorte : « Vous vous trompez ; ce que vous voyez est plutôt un effet de la colère du diable, que, par la vertu du Saint-Esprit, nous chassons de son injuste possession. » Il se mit alors à faire les exorcismes, et, au même moment, la tempête fut apaisée et la sérénité revint avec une tranquillité parfaite.

De Thonon il alla à Viuz-en-Salaz, la seule seigneurie que les hérétiques eussent laissée à l'évêque de Genève. Ce fut là que vint le trouver le baron d'Yvoire, pour abjurer les erreurs de Calvin. Ce seigneur avait déjà eu à Thonon quelques entretiens avec le prélat apostolique, et à ses arguments invincibles il n'avait pu répondre autre chose, sinon qu'il n'entendait rien à la controverse, qu'il savait mieux manier l'épée que résoudre des difficultés de théologie, mais que les ministres de Genève sauraient bien défendre victorieusement leur doctrine. « Il y a longtemps que je souhaite avoir avec eux une conférence, avait répliqué François : je me tiendrai à leur disposition dans le temps et dans le lieu qu'il leur plaira de fixer. » Le seigneur d'Yvoire dit qu'il irait à Genève : il y alla, mais il ne put jamais décider les ministres à accepter la proposition de l'évêque. Honteux et indigné d'une telle couardise, et, comprenant qu'elle ne venait que de leur peu de confiance en leurs raisons, il fit le voyage de Viuz, rentra dans le sein de l'Église et y vécut toujours depuis en très bon catholique.

Il visita ensuite, à l'extrémité du Faucigny, un monastère de chanoines réguliers de Saint-Augustin, appelé de Sixt; il y introduisit des réformes salutaires, et y rétablit doucement et prudemment l'austérité de l'ancienne discipline. Les pauvres gens du pays eurent aussi grandement à se féliciter de son passage. Les années passées 1600 et 1601, d'énormes quartiers de roche s'étaient détachés des montagnes et avaient roulé fort avant dans les terres, ruinant et écrasant tout ce qu'ils rencontraient. Les habitants de Sixt, réduits à la dernière misère, avaient en vain sollicité pour être exemptés et déchargés du paiement des tailles. Ils s'adressèrent au bienheureux évêque. Celui-ci voulut voir les dégâts de ses propres yeux : pour cela il fit à pied près de trois lieues, par des chemins horribles et impraticables. Profondément touché de la misère et de la désolation qui régnaient partout, il promit aux paysans de s'occuper de leur affaire. Il le fit, et ses démarches furent couronnées de succès. C'est ainsi que ce grand prélat ne manquait pas une occasion d'accomplir des œuvres de piété, de charité et de justice.

De retour à Thonon, il y célébra les Ordres, et, le lendemain, il revint à Annecy, où il avait convoqué un synode pour le premier octobre. Avec le concours des ecclésiastiques présents à cette assemblée, le saint homme rédigea et publia des constitutions marquées au coin de la plus haute sagesse, et très propres à procurer la bonne discipline du clergé et l'édification des peuples. Il insista particulièrement sur les catéchismes, et voulut même donner une méthode détaillée et très pratique pour les faire avec fruit.

Au même temps, il composa et fit imprimer les *Avertissements aux confesseurs ;* et l'on ne saurait dire combien ce petit livre a porté de profit, non seulement aux directeurs des âmes, mais aux pénitents : car il courut d'abord par l'évêché de Genève, puis par toute la France et l'Italie, ayant été traduit en diverses langues. Il publia aussi un remarquable *Rituel,* pour la composition duquel il tira du seul Romain, autant que possible, tout ce qui regarde l'administration des sacrements, et emprunta à l'ancien de Genève et à d'autres de diverses provinces des formules de bénédiction consacrées par l'usage, et encore de sages canons et des instructions utiles tant aux curés qu'aux vicaires pour l'exercice de leurs charges.

Grâce à la bonne direction de son premier pasteur, l'église de Genève, comme une vigne florissante, répandit bientôt alentour et fit monter vers le ciel la suavité de ses parfums ; et le bienheureux François lui-même, ajoutant de jour en jour vertus à vertus, se rendit partout et à tous admirable et aimable.

CHAPITRE DEUXIÈME.

François prêche le carême à Dijon — Ses premiers rapports avec Mme de Chantal — Carême à la Roche (1603-1605).

A L'APPROCHE du carême que le bienheureux prélat devait prêcher à Dijon, pour penser plus sérieusement à ses prédications, et en même temps pour donner à sa mère la consolation de sa présence, il se rendit au château de Sales. Ce fut alors qu'étant seul dans la chapelle du dit château et se laissant emporter à une haute contemplation, il lui arriva d'être ravi en extase et de pénétrer fort avant dans les profondeurs des divins mystères : il connut, par une lumière surnaturelle, qu'il serait un jour fondateur et instituteur d'un Ordre de religieuses ; et il vit, en esprit, l'image des principales personnes par lesquelles cet Ordre devait prendre son commencement.

Après avoir consacré, dans la solitude, plusieurs jours au travail et surtout à la prière, il partit pour la Bourgogne. En arrivant à Dijon, il fut reçu très honorablement par les échevins, qui allèrent au-devant de lui avec un grand nombre d'ecclésiastiques et une députation des principaux habitants. Ayant commencé le carême, il se vit écouté d'un peuple immense, non seulement de la ville, mais encore des lieux circonvoisins, avide d'entendre un prélat qui était en si grande réputation de doctrine et de sainteté. Il y avait des religieux, des prêtres séculiers et même des laïcs, qui recueillaient par écrit ses sermons, parce que le plus souvent il traitait des matières controversées entre catholiques et huguenots, et cela très subtilement, solidement et dévotement. Chaque jour, de nouveaux auditeurs, attirés par l'amorce de son éloquence, se laissaient prendre au salutaire filet de ce pêcheur d'hommes. Il ne se contentait pas de prêcher, mais il visitait souvent les pauvres malades des hôpitaux et leur faisait de très suaves exhortations. Toute la ville en était dans l'étonnement : on

ne se lassait point d'admirer tant d'humilité et de charité
jointes à tant de doctrine. Souvent aussi il allait célébrer la
messe à la chapelle de Saint-Bernard de Fontaines, qui est à
un quart de lieue de la ville, pour la grande dévotion qu'il

Sainte Jeanne de Chantal, fondatrice de la Visitation, d'après
Restout.

avait à ce docteur emmiellé, chantre de la glorieuse Vierge.

En ce temps-là vivait retirée à la campagne Jeanne Françoise Frémiot, fille de Bénigne Frémiot, second président au
parlement de Bourgogne, sœur d'André Frémiot, archevêque

de Bourges, et veuve de Christophe de Rabutin, baron de Chantal ; femme en qui la piété était innée, et en qui elle s'était merveilleusement développée, tant par suite de son inclination naturelle que par le soin de ses parents. Depuis la mort de son mari, elle habitait d'ordinaire un château où elle élevait ses enfants dans l'amour et la crainte de Dieu, et s'adonnait aux œuvres de dévotion et de charité. Bientôt elle s'obligea tout particulièrement au service de la Majesté divine par le vœu de chasteté. Cependant elle roulait dans l'intime de son âme la pensée de renoncer solennellement aux affaires séculières et de dire adieu au monde ; mais elle était incertaine si elle devait entrer en religion sans délai, ou si elle devait attendre encore. On ne saurait s'imaginer les tourments que cette dame endurait, pressée, d'un côté, d'un ardent désir de s'unir plus étroitement au souverain bien, et, d'un autre, retenue par des obstacles qui semblaient insurmontables ; et, au milieu de telles angoisses, ce qui la comblait le plus d'affliction, c'est qu'elle se voyait destituée de tout secours humain : aussi demandait-elle humblement à Dieu un guide véritablement saint, qui la conduisît par les voies de la perfection. Dieu se laissa toucher par les supplications et les larmes de sa servante, et il lui montra, dans la lumière de l'oraison, l'homme, ou plutôt l'ange, qu'elle avait demandé pour la direction de son âme ; et il lui sembla ouïr une voix du ciel, qui lui disait que c'était là celui entre les mains duquel elle devait reposer sa conscience. Une autre fois de bon matin, étant à moitié éveillée, elle crut voir une grande troupe de personnes assemblées dans une église, qui chantaient les louanges de Dieu ; et, voulant se joindre à elles, il lui fut donné d'entendre que jamais elle n'entrerait au repos des enfants de Dieu que par la porte de Saint-Claude : vision qu'elle eut deux ou trois fois depuis et fort distinctement, mais qu'elle ne comprit que plus tard.

Sur ces entrefaites, ayant appris que le révérendissime évêque de Genève devait prêcher le carême à Dijon, elle s'y porta aussitôt (comme du reste elle faisait tous les ans) pour manger le pain de la parole de Dieu, qu'un prélat de si haute réputation romprait au peuple famélique. Elle ne l'eut pas plus tôt vu dans la chaire, qu'elle le reconnut fort bien pour être celui-là même que la divine providence lui avait fait voir. Alors, toute comblée de joie, elle se prit à remercier Dieu, et suivit assidûment toutes les prédications. Le bienheureux François, tout attentif qu'il fût à ses discours, ne put s'empêcher (Dieu le voulant ainsi) de remarquer cette personne vétue de noir, qui avait sa place vis-à-vis de la chaire, et de se rappeler, en la voyant, ce qui lui était arrivé en la chapelle de Sales : aussi, s'entretenant un jour avec l'archevêque de Bourges, qui était alors à Dijon, il se sentit pressé de lui demander quelle était cette dame en deuil, qui assistait si pieusement et si régulièrement à tous les sermons ; ayant su que c'était la sœur du révérendissime prélat, il se demanda quels pouvaient bien être les desseins de Dieu sur cette noble dame.

Le carême était presque passé, et la baronne de Chantal éprouvait un vif désir d'avoir une entrevue avec le bienheureux François. Elle pria son révérendissime frère de lui procurer le moyen de parler et conférer avec l'évêque de Genève d'une chose qui regardait sa conscience. Il le lui promit volontiers ; et, un jour qu'il avait invité le saint homme à dîner (c'était le jeudi saint), Madame de Chantal s'y trouva avec d'autres personnes de distinction ; et, au lever de table, l'archevêque de Bourges la présenta à son très digne hôte, puis il s'écarta et les laissa converser seuls en un coin de la salle. La baronne eût voulu dès lors s'ouvrir au saint prélat, et lui déclarer toutes les pensées de son cœur ; mais lui, instruit par une longue expérience, se défiait de tous ces commencements, et ne montrait aucun empressement à recevoir de semblables confidences. On était au temps où tous les vrais chrétiens sont obligés de purifier leur conscience pour se nourrir du corps de leur Sauveur. Elle pria donc François de vouloir bien l'entendre en confession ; mais celui-ci y répugnait, craignant qu'à la dévotion il ne se mêlât de la curiosité. Toutefois, il ne la refusa point, et, après l'avoir entendue, il connut clairement que la divine providence voulait qu'il entreprît la conduite de cette dévote dame. C'est ainsi que Dieu les préparait l'un et l'autre à une excellente œuvre, qui devait plus tard donner un grand sujet d'admiration à tout le monde.

Les jours qui précèdent et qui suivent la solennité de Pâques, le prélat apostolique fut perpétuellement occupé à ouïr les confessions de toute sorte de pénitents, avec une patience et une charité nonpareilles : en sorte que c'est une espèce de miracle qu'il pût si bien satisfaire à la dévotion de tous ceux qui se présentaient, et à son devoir de prêcher, duquel il s'acquitta mieux que jamais.

Les fêtes de l'âques étant passées, et l'homme de Dieu étant sur son départ, voilà que le ministre Cassegrain l'aborde insolemment, et le provoque à la dispute sur certains points de doctrine. Ce poltron n'avait pas osé auparavant se mesurer avec le vaillant soldat de JÉSUS-CHRIST; mais il avait prudemment attendu jusqu'au dernier moment, dans l'espoir que l'évêque refuserait, et qu'il pourrait, lui, tirer avantage d'un tel refus parmi les siens. Au grand désappointement du ministre, l'homme de Dieu accepta et se déclara tout prêt à entrer en lice. « Monsieur, répondit alors Cassegrain, mon intention n'est point de vous retarder ; prenons seulement jour, si vous le voulez bien, pour une conférence à Genève. » Il comptait se tirer du mauvais pas où il s'était engagé, en faisant choix d'un lieu qui n'agréerait point à François. Mais celui-ci répondit hardiment : « Or sus, j'en suis content : que Genève soit le théâtre de notre dispute ; je prie même Monsieur le baron de Luz, ici présent, d'en régler toutes les conditions et de faire toutes les démarches nécessaires. » Le baron se chargea volontiers de la chose ; il alla même à Genève et mit tout en œuvre pour déterminer les syndics et les ministres à accepter la conférence. Mais ces hardis personnages, après mûre délibération, refusèrent bravement la lutte, peu sûrs d'eux-mêmes sans doute, et dirent que leur religion n'avait pas besoin de ces discussions: pitoyable défaite, qui couvrit Cassegrain de confusion et l'exposa à la risée publique.

Le bienheureux François allait donc quitter Dijon. Les échevins de la ville, pour reconnaître l'honneur qu'ils avaient reçu des prédications d'un si grand évêque, lui offrirent en don un riche service de vaisselle d'argent; mais il le refusa en remerciant, et dit qu'il ne vendait pas la parole de Dieu et qu'il ne voulait rien emporter que leurs cœurs, comme en effet il les emporta tous. Aussi, le jour de son départ, lorsqu'il était en la grande place de l'abbaye de Saint-Étienne, un très grand peuple s'y rassembla pour recevoir sa bénédiction: les uns fondaient en larmes, les autres voulaient le retenir de vive force; il y en eut qui dételèrent ses chevaux pour empêcher qu'il ne s'en allât; et ils lui disaient : « Non, Monseigneur, vous ne nous quitterez pas encore; ou, s'il faut nécessairement que vous partiez, nous voulons vous porter nous-mêmes de nos propres mains jusqu'à Annecy.

Enfin il se mit en route le lundi de quasimodo ; il était accompagné de la plupart des échevins, conseillers, cha-

noines et autres notables de la ville, et surtout de ceux qu'il avait engendrés à JÉSUS-CHRIST par ses prédications ou par l'édification de ses bons exemples. Longtemps après son départ, son nom et son éloge étaient encore dans toutes les bouches ; longtemps les Dijonnais conservèrent pieusement le souvenir de son passage au milieu d'eux. « Monseigneur de Genève, disait un des seigneurs conseillers, m'a fait beaucoup de bien ; mais il m'a fait un mal dont je ne guérirai jamais : il m'a ôté le goût de tous les autres prédicateurs. » En un mot, l'apostolique prélat laissait derrière lui une merveilleuse réputation de sainteté, de doctrine et d'éloquence.

De retour à Annecy, il reçut bientôt des lettres de la dévote baronne de Chantal : elle le conjurait de faire en sorte qu'elle pût encore une fois conférer avec lui de tous les desseins de son âme. Elle avait déclaré à son confesseur ordinaire comme quoi elle se sentait fortement poussée à se mettre sous la direction de l'évêque de Genève : il lui avait répondu que tel était, en effet, le bon plaisir de Dieu. Un très dévot religieux capucin lui en avait dit autant, d'après une révélation qu'il avait eue au sacrifice de la messe. Aussi écrivait-elle au saint prélat les secrets de sa conscience, et le suppliait-elle de penser comment ils se pourraient rencontrer de nouveau, en quel lieu et en quel temps. Le bienheureux François demanda à ne se prononcer qu'après mûre réflexion sur une affaire si importante : il fallait apprendre la volonté de Dieu par de continuelles prières, et pour cela employer les sacrifices et oraisons des hommes dévots. Enfin, après qu'on eut beaucoup prié de part et d'autre, il assigna le lieu et le jour. Depuis quelque temps déjà, la baronne de Sales avait voué le pèlerinage de Saint-Claude, pour obtenir la guérison de son cher fils malade ; mais elle n'avait pas encore eu la commodité de le faire, à cause des infirmités qui l'en avaient empêchée. Se trouvant en bonne disposition, elle résolut d'accomplir son vœu ; et son bienheureux fils et père tout ensemble lui avait promis de l'accompagner. Ce fut donc à Saint-Claude que fut fixé le rendez-vous pour le 24 du mois d'août, et cela, par un concours de circonstances fort imprévues.

Toutes choses étant ainsi réglées, on se rendit de part et d'autre à la ville de Saint-Claude : le serviteur de Dieu avec sa mère, de la Savoie, et la baronne de Chantal, de la Bourgogne. Or, il se trouva entre ces deux dévotes dames une si grande conformité d'humeurs, qu'il semblait que la vertu même les eût rassemblées à dessein. Après qu'elles eurent contracté une sainte amitié, la baronne de Chantal s'adressa au saint évêque et s'entretint longtemps avec lui de la volonté de Dieu et du mépris des choses du monde. Le lendemain, le bienheureux prélat lui dit qu'il avait travaillé toute la nuit à son affaire, que vraiment c'était la volonté de Dieu qu'il prît la charge de sa conduite spirituelle, et qu'il le ferait de tout son cœur. Du reste, en tout cela, il n'obéissait qu'à des vues surnaturelles, et conservait une entière et parfaite indifférence.

Voici une précieuse méthode qu'il lui prescrivit pour bien passer la journée : « Dès votre réveil, faites en sorte que votre âme se jette entièrement en Dieu par quelque sainte pensée, telle que celle-ci : *comme le sommeil est l'image de la mort, ainsi le réveil est l'image de la résurrection. Je crois que mon Rédempteur est vivant, et que je ressusciterai au dernier jour : Seigneur, que ce soit, s'il vous plaît, à la vie éternelle ! Cette espérance repose dans mon sein. Hé ! de grâce, prêtez l'appui de votre droite à l'ouvrage de vos mains, Vous avez compté mes pas, mais pardonnez-moi mes offenses.*

« En vous habillant, après avoir fait le signe de la croix, dites : *Revêtez-moi, mon Dieu, du manteau d'innocence et de la robe nuptiale de charité.* Cela fait, occupez-vous quelque temps en la méditation.

« Quand vous serez arrivée à l'église pour ouïr la messe, pendant que le prêtre préparera le calice et le missel, mettez-vous en la présence de Dieu. Depuis la confession jusqu'à l'évangile, produisez des actes de contrition. De l'évangile à la préface, faites protestation de votre foi. Après la préface, considérez le bienfait de la passion et de la mort de Notre-Seigneur JÉSUS-CHRIST. A l'élévation, adorez très profondément le divin Sauveur, et offrez-le à Dieu son Père. Après l'élévation, remerciez-le très humblement de l'institution de l'auguste sacrement de l'autel. Quand le prêtre récitera l'Oraison Dominicale, dites-la mentalement en toute dévotion. A la communion, communiez réellement ou spirituellement. Après la communion, contemplez votre Roi et Seigneur trônant dans votre cœur, et faites venir devant lui, l'un après l'autre, vos sens et vos puissances pour ouïr ses commandements et lui promettre fidélité.

« Le long du jour, faites force oraisons jaculatoires. Quand l'horloge sonnera, élevez votre cœur à Dieu en disant : *Dieu soit béni, l'éternité s'approche*. Quand vous voudrez sortir de votre chambre, demandez humblement congé et bénédiction à votre bon ange. Pendant les affaires, regardez souvent la divine bonté; ayez provision de quelques paroles enflammées, qui de temps en temps servent comme de refrain à votre âme. Avant le souper, j'approuve fort un peu de récollection.

« Il faut que vous fassiez tout par amour, et rien par force. Je veux que vous ayez l'esprit de liberté, non de la liberté qui exclut l'obéissance, mais de celle qui bannit la contrainte, le scrupule et l'empressement. S'il se présente quelque motif raisonnable de laisser vos exercices, que ce soit là pour vous une espèce d'obéissance, et que l'affection supplée à l'omission. Je veux que vous fassiez tout sans empressement et avec esprit de douceur.

« Élevez souvent votre esprit à Dieu, même en faisant des œuvres saintes. Embrassez joyeusement les mortifications, et recevez les humiliations avec résignation. Aimez la volonté de Dieu aussi bien dans les choses désagréables que dans les choses agréables. »

Les saints voyageurs, le 26 du même mois, se séparèrent après s'être édifiés mutuellement ; le prélat rentra dans son diocèse, où l'attendaient diverses affaires, qu'il mena heureusement à bonne fin.

Cependant le roi de France, Henri le Grand, avait appris le grand fruit que l'évêque de Genève avait fait à Dijon par ses prédications, et celui qu'il faisait tous les jours dans son diocèse, et il désirait vivement l'attirer et le fixer dans son royaume. Il dit un jour publiquement qu'il portait envie à son cousin le duc de Savoie, de ce qu'il avait en ses états un prélat de tant de mérite. Ayant su qu'il n'avait à Genève que mille écus d'or de revenu annuel : « Un si pauvre évêché, dit-il, n'est pas digne d'un si grand prélat. » En même temps il fit appeler le sieur Deshayes et lui dit : « Écrivez de ma part à l'évêque de Genève qu'il revienne me trouver ; car je lui veux donner un plus riche bénéfice et une autre grande dignité. » Le roi songeait, en effet, à le présenter à Sa Sainteté pour le chapeau de cardinal ; mais le bienheureux François remercia Sa Majesté de sa bonne volonté : estimant que *tout n'est que vanité fors Dieu*, il ne voulait point quitter sa pauvre chère église pour une autre mieux dotée.

L'année suivante, mil six cent cinq, il prêcha le carême

en la ville de la Roche, avec un grand succès. Outre les instructions journalières, tous les jeudis il assemblait les chanoines, les curés et autres prêtres de la ville et des environs, et leur faisait une conférence sur les devoirs de leur état, ou sur les difficultés qu'ils pouvaient rencontrer dans la pratique de leur saint ministère. Il ne manquait pas non plus d'exercer la charité en toute rencontre. Un sourd-muet de naissance venait presque tous les jours demander l'aumône à sa porte, et ses serviteurs le prenaient souvent pour aide, parce qu'il était propre à toute sorte de services. Le bon prélat fut touché de commisération pour ce pauvre homme, surtout parce que, à cause de son infirmité et de son ignorance, il était privé de la communion de la très sainte Eucharistie : il essaya de lui faire entendre par signe quelque chose des mystères divins. Voyant que l'intelligence ne lui manquait pas et qu'il était possible de l'instruire, il le reçut au nombre de ses domestiques, et fit tant par un travail continuel que ce pauvre garçon acquit les connaissances nécessaires, devint capable de vertu, et put se confesser même de ses péchés de pensée : de sorte que le serviteur de Dieu jugea qu'on pouvait lui donner la communion. Le saint évêque portait à son sourd-muet une affection toute paternelle, et il avait bien défendu à ses autres domestiques de lui faire aucune peine.

Le carême fini, il rentra à Annecy pour y célébrer son second synode : il y fit de bonnes et utiles constitutions sur des points de discipline importants, et les ajouta à celles de l'an 1603, qu'il voulut être publiées derechef.

Quelque temps après, il reçut des lettres du souverain sénat de Savoie, par lesquelles il était prié d'honorer la ville de Chambéry de ses prédications en l'avent prochain et au carême suivant. Ainsi il n'avait point de repos, et partout on réclamait l'édification de sa parole apostolique.

Mais il en reçut d'autres de Rome, avec l'assurance que le Pape Léon XI l'avait porté au nombre de ceux qu'il voulait créer cardinaux. Loin de ressentir de la joie de cette nouvelle, il en éprouva plutôt du déplaisir. « Je prie Dieu, disait-il, qu'il éloigne de moi cette dignité : car je n'en suis pas digne. Il est vrai qu'il faut obéir à Sa Sainteté : mais voyez-vous, si le chapeau de cardinal était à trois pas de moi, je n'en ferais pas un pour le prendre ; ah plutôt ! s'il se pouvait que ma robe devînt rouge par la teinture de mon propre sang versé pour la conversion des hérétiques, avec quel bonheur je me couvrirais d'une telle pourpre! » C'étaient là les sentiments de ce saint homme, et ses larmes témoignaient qu'ils étaient sincères : toutefois, sa promotion était chose faite, si le Pape n'eût été prévenu par la mort.

Le bienheureux François recevait un tout autre contentement des lettres de la vertueuse baronne de Chantal : il admirait les voies par lesquelles Dieu la conduisait, et la parfaite correspondance de cette belle âme à l'action du Saint-Esprit. Il la revit une troisième fois, près de sa mère, au château de Sales, le samedi après la fête de l'Ascension. Là, en la chapelle de Saint-Sébastien, la dévote dame lui fit une confession générale, et sa jeunesse fut renouvelée comme celle de l'aigle ; et, s'en retournant en Bourgogne, elle emmena avec elle la petite sœur du bienheureux évêque, Jeanne de Sales, que sa mère aimait d'une spéciale dilection, étant la dernière qu'elle avait eue du seigneur son mari : mais elle devait, en échange de ce précieux gage d'amitié, envoyer de son côté à Sales sa fille aînée, Marie-Aimée de Rabutin. Tout cela se fit par une conduite mystérieuse de la divine providence.

Cependant les Génevois se repentaient d'avoir refusé la conférence que leur avait proposée le bienheureux François, mais seulement parce que leur reculade les couvrait de honte aux yeux des catholiques et même de leurs coreligionnaires ; et ils faisaient courir le bruit qu'ils étaient prêts à la dispute, et qu'ils avaient des ministres capables de tenir tête au sieur de Sales. Le saint évêque, saisissant cette occasion de les obliger enfin à s'exécuter, envoya aussitôt à Genève un billet écrit de sa main et scellé de son sceau, pour déclarer et attester que, si les ministres voulaient fixer le jour de la conférence, il ne manquerait pas de s'y rendre, espérant que Dieu en serait glorifié par le salut de plusieurs âmes. Cette assurance du bienheureux prélat fit perdre toute la leur à ses adversaires, qui se dérobèrent encore une fois, en couvrant leur retraite de prétextes ridicules.

CHAPITRE TROISIÈME.

François visite son diocèse. — Il prêche le carême à Chambéry. — Il envoie au Saint-Siège l'état exact de son diocèse. — Il prêche le carême à Annecy. (1605-1606.)

APRÈS avoir terminé, au mieux et à la satisfaction des deux parties, un différend qui s'était élevé entre les chanoines de l'église cathédrale et ceux de la collégiale de Notre-Dame, le serviteur de Dieu entreprit de faire la visite générale de son diocèse. C'était une tâche fort laborieuse : car le diocèse de Genève est très grand, très peuplé, et presque partout hérissé de hautes montagnes ; la température y est très diverse : hiver presque éternel en certains lieux, en d'autres chaleurs extrêmes. Mais rien n'était capable d'arrêter le bon évêque, quand il s'agissait de la gloire de Dieu et du salut des âmes. Au moment de partir, il écrivit à Madame de Chantal ces belles et remarquables paroles : « Je m'en vais à cette visite bénie, et je vois des croix de toute sorte. Ma chair en frémit ; mais mon cœur les adore : oui, je vous adore, petites et grandes croix, spirituelles et temporelles, extérieures et intérieures ; je vous salue et baise votre pied, indigne que je suis de l'honneur de votre ombre. »

Il sortit d'Annecy le quinzième jour du mois d'octobre, et, ayant passé le Rhône, il commença ses travaux par la partie de son diocèse qui est soumise au roi très chrétien. Cette première expédition dura près d'un mois et demi, en visitant deux églises par jour ordinairement, et quelquefois trois. Au commencement de novembre, il passa en plusieurs paroisses, dont un certain nombre d'habitants étaient terriblement tourmentés du diable, sans doute en châtiment de leurs superstitions. A son arrivée, le saint évêque se vit de toutes parts environné de possédés : c'était chose horrible à voir et à entendre. Ces misérables sautaient en l'air, frémissaient, grinçaient des dents, remplissaient toute la vallée de cris et de hurlements affreux, et portaient l'épouvante non moins que la compassion au cœur de ceux qui les voyaient. Le bienheureux François leur donna sa bénédiction, et fit sur eux les prières des exorcismes. Il en délivra ainsi plus de quatre-vingts, en trois paroisses ; et, depuis, les anges rebelles n'ont point osé troubler ces pauvres habitants en la paix que le saint évêque leur avait laissée. Du reste, tout ce voyage n'était pour l'homme apostolique qu'un enchaînement de peines et de travaux de toute sorte. Partout il prêchait et faisait le catéchisme, et ne laissait pas la moindre chapelle à visiter, il conférait le sacrement de confirmation, entendait les confessions et distribuait lui-même la communion aux fidèles ; il prêtait l'oreille aux plaintes d'un chacun avec une grande patience, et ordonnait prudemment ce qu'il pensait être nécessaire ; quand besoin en était, il corrigeait les péchés et pécheurs publics avec une sévérité bien tempérée de douceur ; il dédiait et consacrait les églises et chapelles nouvellement construites, terminait les procès et différends, apaisait les haines et les querelles ; enfin il était ce bon pasteur et évêque qui donne sa vie pour ses brebis.

Il rentra à Annecy dans les derniers jours de novembre, pour respirer un peu et se refaire de ses fatigues. Mais bientôt il lui fallut songer à son carême de Chambéry. Il se rendit de bonne heure en cette ville, afin d'avoir un peu de loisir pour recueillir son esprit avant de se mettre à l'œuvre. Il y fit les exercices spirituels au collège des Pères Jésuites l'espace de huit jours, vivant dans la solitude et dans la prière, « afin, disait-il, de sortir du désert aux places publiques pour annoncer le royaume de Dieu, à l'imitation de saint Jean-Baptiste, voire de Notre-Seigneur JÉSUS-CHRIST ».

Le carême commencé, François prêcha en l'église de Saint-Dominique, devant les sénateurs et une grande multitude de peuple. Ses discours étaient si enflammés et si irrésistibles que l'on disait : « Autant de prédications, autant de miracles ! Ce n'est plus l'évêque de Genève qui prêche, mais le Saint-Esprit qui parle par sa bouche. » Un jour qu'en faisant sa péroraison il était comme ravi hors de lui-même, sa figure apparut tout illuminée et enflammée d'un éclat et d'un rayonnement célestes. Et ce n'était pas seulement en l'église de Saint-Dominique qu'il opérait ces merveilles, il faisait encore entendre la parole sainte dans d'autres églises ou chapelles, et, en particulier, à ses chers enfants et confrères les Pénitents noirs du très saint Crucifix, et à la Congrégation du collège des Pères jésuites.

Ayant un jour prêché très doctement sur l'invocation et le culte des saints qui règnent au ciel avec JÉSUS-CHRIST, il toucha grandement les cœurs de deux hérétiques, flamands de nation, qui par hasard se trouvèrent présents. Aussitôt après la prédication, ils s'adressèrent à lui, le priant de leur donner à ce sujet de plus amples explications, et de lever quelques doutes qui leur restaient encore; après quoi, ils firent profession de la vraie doctrine et abjurèrent l'hérésie. C'est ainsi que le bienheureux François employait presque tout son temps à résoudre les difficultés de ceux que ses instructions avaient touchés, ou à donner à d'autres, qui voulaient servir Dieu plus parfaitement, les conseils de son expérience. Il n'oubliait point pour cela les choses qui regardaient son office d'évêque : c'est ainsi qu'il célébra les Ordres en l'église de Saint-Antoine, le samedi des quatre-temps et le samedi d'avant le dimanche de la Passion. Durant la semaine sainte, il entendit quantité de confessions, sans se rebuter jamais d'un si laborieux ministère ; et, après les fêtes de Pâques, il retourna promptement en sa chère ville d'Annecy,pour y célébrer son synode.

Il circulait alors des bruits qui alarmaient tout le monde.On disait que les Génevois devaient se jeter sur les provinces voisines, et que même ils avaient dessein d'occuper par les armes la ville d'Annecy. Le bienheureux évêque ne s'effrayait point de ces bruits qu'il croyait sans fondement, et il tâchait de rassurer les timides. Du reste, en cas d'invasion, il prétendait bien ne pas quitter ses brebis, ni les laisser à la merci des loups ; il encouragerait de parole et d'œuvre son peuple à la défense ; et, pour cet effet, il ne lui en coûterait point d'affronter tous les travaux et tous les périls de la guerre. « Les combats pour Dieu sont des récompenses, disait-il ; et il est de mon devoir de me sacrifier pour mes ouailles. Mais Dieu aura pitié des siens, pourvu que nous ayons bonne espérance en lui ; et il ne livrera pas aux bêtes les âmes de ceux qui confessent son nom. »

Au même temps, on disait que, sur la requête des Génevois et des Suisses, le duc de Savoie allait, à l'exemple du roi très chrétien, accorder dans ses états la liberté d'exercer publiquement le culte protestant : ce qui était bien loin de la pensée de Son Altesse sérénissime. « Jamais, disait le bienheureux prélat, ce très religieux prince ne fera une telle faute. Toujours est-il que, pour ce qui est de moi, je m'y opposerais formellement et de tout mon pouvoir, au risque même de ma vie. Car se peut-il souffrir qu'on tente d'établir un accord entre JÉSUS-CHRIST et Bélial, entre la lumière et les ténèbres, entre la vérité et l'erreur ? » Il pensait qu'en pays catholique le premier devoir du prince était de conserver à ses sujets le trésor de la foi orthodoxe. « Que de maux, s'écriait-il, cette misérable tolérance n'a-t-elle pas causés et ne causera-t-elle pas encore à la France ! » Toutefois, à toute fin, il ne cessa point dès lors de consoler son peuple par de très ardentes exhortations, et de l'encourager à la constance dans la foi ; il l'excitait de paroles et d'exemples à faire de bonnes œuvres pour le salut éternel. J'ai dit d'exemples : car il n'y avait point de malade en la ville qu'il ne visitât, point de pauvre qu'il ne secourût de ses aumônes, point de prisonnier qu'il n'allât consoler et assister.

Ayant passé à Annecy les fêtes solennelles, il voulut reprendre le cours de ses visites pastorales : il commença le 18 juin par le Faucigny. Cette province est toute hérissée de montagnes effroyables par leur hauteur et couvertes d'une glace éternelle. Mais les vallées, par une singulière providence du Dieu tout-puissant, sont habitées d'un grand peuple très doux et très hospitalier, chez lequel la foi s'est conservée pure et solide. Malgré les horribles difficultés de la route, le saint évêque visitait une église par jour, et souvent même deux. Aucun obstacle ne pouvait l'arrêter ; aucun accident ou récit d'accident, pour affreux qu'il fût, ne l'intimidait. « J'ai vu ces jours passés, écrivait-il à Madame de Chantal, des monts épouvantables, chargés d'une couche de neige de dix à douze piques d'épaisseur ; et les habitants des vallées voisines m'ont raconté qu'un berger, allant à la recherche d'une sienne vache, était tombé dans une fente profonde, véritable précipice, et y était mort de froid. On n'aurait jamais su ce qu'il était devenu, si l'on n'avait retrouvé son chapeau sur le bord de la crevasse. Un de ses voisins se fit descendre avec une corde pour le retirer, et il le trouva non seulement mort, mais presque tout converti en glace ; il le prend dans ses bras en cet état, et crie qu'on le retire lui-même promptement, qu'autrement il mourra gelé. On fut assez heureux pour le hisser sans accident avec son lugubre fardeau, et on put donner au cadavre une sépulture honorable. O Dieu, me dis-je, si l'ardeur de ce berger à la recherche d'un vil animal a été telle que la glace ne l'ait point refroidie, pourquoi donc suis-je si lâche à la recherche de mes brebis ? Quel aiguillon pour moi dans la conduite de ce pasteur, qui court par des lieux si hasardeux, et s'expose à de si grands périls pour une seule vache ; et dans cette charité du voisin, qui descend dans l'abîme pour en retirer son ami ! Ah ! ces glaces ne devraient-elles pas ou me geler de crainte, ou me brûler d'amour ? Ne se trouvera-t-il donc jamais un soleil assez fort pour fondre la glace qui me transit ? »

Dans les premiers jours du mois d'août, l'homme de Dieu arriva en des lieux où les montagnes sont de très difficile accès ; il y éprouva tant de fatigues que, pendant dix jours, ses pieds meurtris et ensanglantés refusèrent de le soutenir. Il n'en continua pourtant pas moins ses courses apostoliques, et ne rentra à Annecy que quelques jours avant la fête de la Toussaint.

Mais il y avait déjà cinq ans qu'il était évêque, et le temps était venu qu'il devait visiter les seuils des apôtres, en personne ou par procureur, pour rendre compte au Pape de son administration pastorale. Ne pouvant commodément faire lui-même le voyage de Rome, il y députa à sa place son frère Jean-François de Sales, chanoine de son église cathédrale, avec un état exact du diocèse de Genève, qu'il avait écrit soigneusement de sa propre main. Le prélat expose d'abord qu'il est le sixième évêque de Genève qui réside à Annecy, depuis que les Génevois ont chassé leur premier pasteur avec tout son clergé, et l'ont dépouillé de tous ses biens ; qu'il n'a pour revenu que mille écus d'or (¹) à peine, sur lesquels il lui faut prélever les gages des officiers et des serviteurs de sa maison ; qu'il y a dans ce diocèse 450 paroisses habitées par de vrais catholiques, et 140 autres qui sont en partie sous la domination tyrannique des Bernois, en partie sous la puissance du roi très chrétien, dans lesquelles l'hérésie a fait et fait encore de grands ravages ; qu'il en a visité 260, ces deux dernières années, rompant le pain de la parole de Dieu au peuple, autant qu'il lui a été possible, et conférant aux fidèles le sacrement de confirmation ; qu'il visitera le reste l'année prochaine ; que, marchant sur les traces de son digne prédécesseur, il assemble tous les ans son synode, donne les cures des églises paroissiales et autres bénéfices au concours, veille soigneusement à ce que le divin office soit partout célébré selon le rit romain. Il donne ensuite l'état des chapitres tant de la cathédrale que des collégiales, du clergé séculier, des

---

1. L'écu d'or valant 3 fr, 68, cela faisait 3680 frs.

monastères d'hommes ou de femmes, et il explique la situation de leurs revenus et leurs besoins, soit temporels, soit spirituels ; il fait aussi connaître que, sur les 450 paroisses où fleurissent actuellement la religion et la piété catholiques, il y en avait 70 qui avaient été récemment purgées de l'hérésie de Calvin, grâce au zèle du duc de Savoie et aux prédications de plusieurs ecclésiastiques tant réguliers que séculiers de divers ordres, nommément de la Compagnie de JÉSUS et des Capucins ; il termine en exprimant ses doléances sur les 140 paroisses du diocèse soumises aux Bernois ou à la couronne de France, et en demandant l'institution d'un séminaire, la réforme de certains monastères, et la création et dotation de nouvelles cures paroissiales dans les villages des montagnes, fort peuplés pour la plupart, mais aussi en général fort abandonnés.

Le chanoine de Sales partit donc pour Rome avec un compte-rendu détaillé, et avec d'amples instructions de son révérendissime frère. Celui-ci passa le carême en prêchant tous les jours à son peuple d'Annecy dans l'église de Saint-Dominique : on accourait à ses sermons, et les pécheurs, dominés par son éloquence et sa doctrine, s'y convertissaient en masse.

·CHAPITRE QUATRIÈME.

François érige l'Académie Florimontane à Annecy. — Mort de sa plus jeune sœur. — Carême à Rumilly. — Il est dénoncé au Pape (1607-1608).

L A cité d'Annecy, sous un si grand prélat que François de Sales, et sous un si grand président qu'Antoine Favre, son ami, voyait fleurir dans son sein les lettres et les sciences tant sacrées que profanes. C'est pourquoi l'évêque et le président formèrent de concert le projet d'instituer une académie, et d'établir ainsi, entre tant de beaux esprits, comme un lien de fraternité, utile à tous pour leur avancement dans la doctrine aussi bien que dans la vertu. Il fut trouvé fort à propos de donner à cette Académie le nom de *Florimontane*, parce que, par elle, les fleurs de la science et de la littérature s'épanouiraient sur les montagnes de la Savoie ; et on lui donna pour emblème un oranger avec cette devise : *Fleurs et fruits*. François en dressa les constitutions, desquelles voici les points principaux :

« Le but de l'Académie sera la souveraine gloire de Dieu, la pratique de toutes les vertus, le service du prince et l'utilité publique.

« Les seuls gens de bien, catholiques et doctes, y seront reçus.

« Tout nouvel académicien, admis sur la présentation d'un membre titulaire, sera tenu de faire preuve de doctrine et de capacité, par écrit ou par parole, en prose ou en vers, devant la compagnie assemblée.

« Il se fera en l'Académie des cours ou leçons de théologie, de politique, de philosophie, de rhétorique, de cosmographie, de géométrie, d'arithmétique, de langues et surtout de langue française ; une affiche fera connaître le lieu, le temps et la matière des leçons. Ceux qui seront chargés de faire ainsi des cours, promettront de ne s'absenter jamais sans nécessité ; ils tâcheront de tout leur pouvoir d'enseigner bien, beaucoup et en peu de temps, dans un style grave, plein, soigné mais sans affectation. Les auditeurs s'appliqueront à bien saisir ce qu'on leur enseignera ; et s'il y a quelque chose qu'ils n'entendent pas, ils pourront, la leçon finie, demander des explications.

« On admettra aux assemblées générales tous les braves maîtres ès arts honnêtes, comme peintres, sculpteurs, menuisiers, architectes et semblables.

« Chaque leçon, autant qu'il se pourra faire, formera un tout complet ; sinon, on terminera à la leçon suivante, en ayant soin de bien résumer tout ce qui aura été dit en la précédente.

Tous les académiciens s'aimeront en frères, rivaliseront charitablement à qui fera le mieux, et veilleront à ne donner aucun signe, tout petit qu'il puisse être, de légèreté d'esprit ou de conduite ; ils devront se montrer désintéressés et généreux, et ne pas rechigner à contribuer de leur bourse à certaines dépenses nécessaires pour le bien de l'institution.

« On choisira, parmi les membres de l'Académie, un président, deux assesseurs, un secrétaire pour la rédaction des rapports, des censeurs chargés d'examiner les pièces que leurs auteurs voudront être présentées à la docte assemblée, un trésorier, et un huissier à gages pour convoquer les académiciens, préparer la salle, disposer les sièges, introduire et reconduire le président et les assesseurs. »

Le très illustre duc de Nemours, Henri de Savoie, fut prié d'accepter le titre de président et protecteur de l'Académie. Ses assesseurs furent François de Sales, évêque de Genève, pour ce qui regarderait la philosophie et la théologie ; et Antoine Favre, pour ce qui regarderait la jurisprudence ; et tous deux ensemble indifféremment, pour les sciences et lettres humaines.

Le bienheureux prélat inaugura l'Académie par une très belle harangue, et dès lors il en fut le président de fait. Cette première année, on y enseigna les mathématiques avec les éléments d'Euclide, la sphère avec la cosmographie, c'est-à-dire la géographie, l'hydrographie, la chorographie et la topographie, enfin l'art de la navigation, la théorie des planètes et la musique théorique. Certes il ne se pouvait rien voir de plus intéressant que ces différents cours et exercices : ils attirèrent bientôt à Annecy tous les plus beaux esprits non seulement du Génevois, mais encore de toute la Savoie.

Sur ces entrefaites, le chanoine Jean-François de Sales revint heureusement de Rome, où il s'était fort bien acquitté de sa commission. Il en rapportait à son saint frère des lettres de félicitation de plusieurs cardinaux et hommes illustres, et une du Pape lui-même qui, sur la demande du prélat, réformait l'abbaye d'Abondance, et y établissait les Feuillants de l'ordre de Saint-Bernard, à la place des Augustins dégénérés. Ce fut une grande joie pour le serviteur de Dieu.

L'exécution des décisions pontificales l'avait appelé en Chablais : il en profita pour consolider la Sainte-Maison de Thonon. Mais afin de nourrir et entretenir la piété dans les cœurs de ceux qu'il avait engendrés à JÉSUS-CHRIST par l'Évangile, il rétablit en cette ville, à l'honneur du Saint-Sacrement et de la sainte Vierge, une confrérie de pénitents presque oubliée, et lui-même s'inscrivit en tête de la liste des membres. Ce ne fut pas assez : pour animer à la piété ses nouveaux confrères, il leur persuada de faire un pèlerinage aux reliques de saint Claude. Il les conduisit lui-même au nombre de quatre cents personnes, traversa le lac de Genève et passa sans encombre au milieu des hérétiques du pays de Vaud ; il exhortait la pieuse compagnie à toutes les haltes, et il la ramena à Thonon par le même chemin, après qu'elle eut satisfait sa dévotion.

Sur ces entrefaites, il fut rappelé à Annecy pour les funérailles de la duchesse Anne d'Est, mère du duc de Nemours, Henri de Savoie, dont le corps devait être déposé dans l'église de Notre-Dame. Le saint évêque rendit solennellement les derniers honneurs à la noble dame, et fit son oraison funèbre avec son éloquence et sa piété ordinaires : il protestait pourtant n'avoir que de l'aversion pour ces sortes de discours, où l'orateur risque de descendre à des flatteries indignes de la chaire de vérité. Le duc, ayant su comment les choses s'étaient passées, le remercia par lettre, et le pria de livrer à l'impression la harangue qu'il avait prononcée dans la circonstance.

Après cela, le bienheureux prélat s'occupa de régler les affaires de la Sainte-Maison de Thonon ; et puis, le septième jour d'octobre, il se mit en route pour continuer la visite de son diocèse. Dans le cours de cette visite, il apprit, à Saint-Georges de Mornex, la mort de sa plus jeune sœur, Jeanne de Sales, que la baronne de Chantal avait naguère emmenée avec elle en Bourgogne. Le coup fut très sensible au cœur du bon prélat : « Je l'avais baptisée de ma propre main, dit-il ; ce fut la première créature sur laquelle j'exerçai mon ordre de sacerdoce. J'étais son père spirituel, et je me promettais bien d'en faire un jour quelque chose de bon. » — « Au demeurant, vive JÉSUS ! continue-t-il ; je tiendrai toujours le parti de la providence divine : elle fait tout bien, et dispose de toutes choses au mieux. Quel bonheur pour cette enfant d'avoir été ravie au monde avant de s'y être souillée ! » Il se rendit en toute hâte au château de Sales, porter à sa bonne mère les consolations dont elle pouvait avoir besoin. Son frère le chanoine l'avait devancé auprès d'elle, et lui avait appris la triste nouvelle. « Ma mère, écrivait plus tard François à la baronne de Chantal, a bu ce calice avec une constance toute chrétienne. Le dimanche matin, elle fit appeler mon frère le chanoine qu'elle avait vu fort triste le soir précédent, et lui dit : J'ai rêvé toute la nuit que ma fille Jeanne était morte ; dites-moi, je vous prie, ce qu'il en est. — C'est vrai, répondit-il, sans avoir la force d'ajouter un seul mot. — La volonté de Dieu soit faite ! dit ma bonne mère, et elle pleura un espace de temps abondamment ; puis elle voulut aller prier en la chapelle pour sa pauvre fille. Pas un seul mot d'impatience, mais résignation entière à la volonté divine. Jamais je ne vis douleur plus tranquille : ses larmes coulaient à torrents, son cœur se fondait sans cesse un instant d'être soumis. C'était pourtant son cher enfant. Eh bien ! cette mère, ne dois-je pas bien l'aimer ? » Le jour de la Toussaint, le bienheureux évêque confessa toute la famille, et lui distribua le sacrement qui console et fortifie ; puis il reprit, le 4 novembre, le cours de ses visites apostoliques : le 23, il rentrait à Annecy pour les prédications de l'avent.

L'année suivante, 1608, il alla prêcher le carême dans la petite ville de Rumilly. Dans les moments de relâche que lui laissait la station, il visitait et évangélisait les paroisses voisines. Ses succès furent grands ici et là. Lui-même, de retour à Annecy, disait à un religieux : « Je reviens de mes délices : j'ai enseigné un peuple docile, humble et dévot. Bien souvent dans les grandes villes on trouve des gens orgueilleux, fiers de leur savoir et de leurs richesses : ils s'en font trop accroire. Mais en ces bourgades et petites villes, ce sont mes gens : car ils écoutent avec attention, dévotement et humblement la parole de Dieu. »

Vers ce temps-là, deux dames calvinistes de Genève, étant venues à Annecy chez des parents, désirèrent voir le saint évêque, et lui furent présentées. La conversation tomba sur des sujets de controverse, et le serviteur de Dieu en profita pour réfuter quelques erreurs de Calvin. Ces dames se retirèrent, nullement convaincues, et peut-être plus obstinées encore dans l'hérésie. Mais, dans une seconde entrevue, les écailles leur tombèrent des yeux, elles reconnurent l'impiété et la fausseté de la religion des ministres, et embrassèrent la foi catholique ; depuis, s'étant mariées en de fort honnêtes familles, elles ont passé le reste de leurs jours dans l'exercice de la piété et la pratique de toutes les vertus chrétiennes. Peu après, François avait la consolation de ramener au bercail de JÉSUS-CHRIST deux apostats qu'avait séduits, non pas la doctrine, mais la morale de Calvin : c'étaient Claude Boucard, très docte théologien, qui avait enseigné publiquement à Lausanne la philosophie et les mathématiques, et Pierre Gillette, prêtre de Nice en Provence. Cette conversion fit beaucoup de bruit, et ils en publièrent eux-mêmes l'histoire dans un petit livre imprimé, afin que l'édification de leur retour réparât le scandale de leur chute.

Cependant le bienheureux prélat reçut en son âme une très

grande affliction. Un chanoine de Verdun, revenant de Rome, lui dit qu'il avait appris d'un très illustre prélat que le Pape était grandement indigné contre sa personne : un rapport avait été adressé à Sa Sainteté, portant que tous les jours il sortait de Genève nombre de livres hérétiques, qui se répandaient par le reste du diocèse, et que l'évêque, au grand détriment des fidèles, ne prenait pas assez de soin d'en empêcher la lecture et la circulation. Le bon prélat, entendant que le vicaire de JÉSUS-CHRIST était fâché contre lui, fut saisi d'une très poignante douleur. Sans s'arrêter à reprendre le zèle téméraire de celui qui avait fait le rapport, il écrivit immédiatement à Rome à ce même cardinal, duquel le chanoine avait appris ce qui se passait. Il lui fut facile de se défendre et de se justifier : il le fit humblement, et avec des paroles dont chacune témoignait de son profond chagrin. Mais il reçut bientôt une réponse qui le consola et lui rendit la sérénité. On lui disait que Sa Sainteté, loin de nourrir contre lui des préventions, lui portait au contraire une tendre affection, pour avoir entendu des merveilles de la grandeur de son zèle et de ses vertus, et pour la connaissance particulière qu'elle en avait.

CHAPITRE CINQUIÈME.

Voyage de François en Bourgogne et en Franche-Comté.— Son livre de l'*Introduction à la vie dévote*. — Il est calomnié auprès du duc de Savoie. — Mort de sa mère. (1608-1609.)

AYANT reçu mission du Saint-Siège d'établir la réforme chez les Bénédictines du Puits-d'Orbe, au diocèse de Langres, François partit pour la France. Il sut, par de salutaires conseils et de sages ordonnances, mettre en bonne voie le rétablissement de la discipline primitive dans ce monastère. En chemin, il fut pris comme arbitre de plusieurs différends, qu'il termina à la satisfaction des parties. Il eut la joie, en passant à Montelon (1), d'assister au contrat de mariage de son frère Bernard, baron de Thorens, avec la fille aînée de Madame de Chantal, Marie-Aimée de Rabutin. Puis il se dirigea vers la Franche-Comté, où il devait, en qualité de commissaire apostolique, se prononcer sur une affaire pendante entre le prince Albert, archiduc d'Autriche, et le clergé de Bourgogne.

---

1. Résidence ordinaire de la baronne de Chantal, depuis la mort de son mari. (Note des éditeurs.)

Le dit clergé avait un droit partiel sur les salines de la ville de Salins, desquelles l'archiduc possédait la plus grande partie ; et il désirait échanger son droit contre une rente annuelle, que lui paierait le prince, pour avoir la possession entière des salines.

Le dernier jour du mois d'octobre, le saint évêque arriva à Dôle : aussitôt les syndics de la ville vinrent le saluer et le prier de prêcher le lendemain, qui était le jour solennel de la Toussaint : il le leur promit. Le matin venu, il fut conduit par les Pères Jésuites à leur collège, où il célébra sur les neuf heures, au milieu d'une si grande affluence que c'était merveille : il distribua la communion à plus de huit cents personnes, et ne quitta pas l'autel avant onze heures. A une heure d'après-midi, il monta en chaire dans la grande église, et fit une très docte et très puissante prédication sur la prédestination ; et le peuple, qui croyait voir en lui un ange descendu du ciel, s'oublia jusqu'à l'applaudir et à l'acclamer. Là, on lui montra et il put vénérer la miraculeuse hostie [1] de Faverney. Poursuivant son chemin, il fut très honorablement reçu à Besançon ; à sa considération, les chanoines de l'église métropolitaine exposèrent publiquement le saint Suaire, qu'il adora avec une humilité merveilleuse et des larmes abondantes : après quoi, tout embrasé du feu de la charité, il fit un très beau discours sur ces paroles de l'hémorrhoïsse : « Si je touche seulement le bord de sa robe, je serai guérie. »

De là il se rendit à Baumes, où l'attendaient l'évêque de Bâle, comme lui commissaire apostolique pour l'affaire des salines, et les procureurs des parties. Les deux prélats, après avoir examiné la cause avec le plus grand soin, rendirent un jugement très équitable, dont furent également satisfaits et le clergé de Bourgogne et l'archiduc d'Autriche : celui-ci même, voulant témoigner à François sa reconnaissance pour la peine qu'il avait prise, lui donna une magnifique chapelle d'argent, comprenant six chandeliers, un calice avec ses burettes, deux

---

1. Un éclatant prodige avait eu lieu en cet endroit, trois mois auparavant. Le Saint-Sacrement étant exposé dans un ostensoir qui contenait deux grandes hosties, le feu prit à l'autel de bois et le réduisit en cendres avec tous ses ornements. Mais l'ostensoir demeura intact à la même place, miraculeusement suspendu en l'air, pendant trente-trois heures consécutives ; plus de dix mille personnes, accourues de tous côtés, furent témoins de cette merveille. Enfin l'ostensoir, sans aucune intervention humaine, descendit lentement, à la vue de tout le monde, sur un corporal qu'on avait mis au-dessous par terre. Une des deux hosties miraculeuses avait été donnée à la ville de Dôle, qui lui avait fait une réception des plus magnifiques. (Note des Éditeurs.)

aiguières et une clochette, et un beau service de table également d'argent. Partout sur son passage, le bienheureux consacrait le temps que lui laissaient les affaires, à confesser, à prêcher, à donner des conférences aux religieuses ; il gagnait tous les cœurs par sa mansuétude : hommes et femmes, jeunes et vieux, grands et petits couraient après lui par les rues et places publiques, se jetaient à genoux pour toucher le bord de sa robe et recevoir sa bénédiction, remerciant Dieu de la grâce qu'il leur faisait de voir son serviteur.

De retour en Savoie, il se remit encore à sa visite pastorale. Rentré à Annecy, il convertit à la foi catholique, et nourrit longtemps en sa maison deux jeunes hommes de Genève, auxquels il fit apprendre des métiers.

Cette année-là (1608) fut mis au jour le livre tout d'or, voire plus précieux que l'or et la topaze, l'*Introduction à la vie dévote*. Voici quelle en fut l'origine. Louise du Chastel, femme du seigneur de Charmoisy, touchée par les prédications du bienheureux François, avait formé le dessein de se donner entièrement au service de Dieu ; pour soutenir son courage et se diriger dans une si sainte entreprise, elle écrivait au prélat apostolique, lui proposant ses difficultés et lui demandant des avis. Celui-ci, voyant la générosité de cette âme, ne manquait pas de lui répondre ; même il lui adressait quelquefois de vrais traités sur quelque matière spirituelle. Au bout d'un an de cette correspondance, la dame de Charmoisy se trouva ainsi en possession d'un nombre considérable de papiers ; elle communiqua son trésor au Père Jean Forier de la Compagnie de Jésus, pour lors recteur du collège de Chambéry. Ce grand religieux fut ravi de cette lecture ; aussitôt il écrivit au bienheureux François, le conjurant de mettre ces papiers en lumière, pour la plus grande gloire de Dieu et pour le salut des âmes. Le saint homme, qui n'avait jamais pensé que ces fragments pussent mériter la publicité, refusa de prime abord absolument ; mais le Père ne cessa point de le solliciter, menaçant de les faire imprimer lui-même, protestant qu'il ne s'en déférait pas autrement, puisqu'il voyait clairement que bien des âmes en pourraient tirer profit pour leur avancement au royaume de Dieu. Alors l'humble prélat s'arrêta fort longtemps à considérer ce qu'il y avait à faire, et il offrit à Dieu des sacrifices pour connaître sa volonté. Enfin il pensa qu'il n'y avait point d'inconvénient, au contraire, après que tant de docteurs et d'écrivains avaient enseigné la pratique de la

dévotion à ceux qui vivaient loin des affaires séculières, s'il
entreprenait de l'enseigner à ceux qui vivaient dans le monde

Portrait de Henri IV (d'après une ancienne gravure).

au milieu des tracas et des vanités du siècle. Il pria donc le
Père Forier et la dame de Charmoisy de lui envoyer tous ces

papiers et fragments ; les ayant relus, il retrancha, ajouta, embellit, distribua : ainsi sortit de ses mains ce livre incomparable, qui fut aussitôt traduit dans presque toutes les langues de l'Europe, et qui attira à son auteur les éloges les plus magnifiques et les approbations les plus flatteuses. Le roi de France, Henri IV, ne fut pas des derniers à en témoigner son contentement et son admiration; et Jacques Ier, roi de la Grande-Bretagne, tout hérétique qu'il fût, en faisait tant de cas qu'il le porta fort longtemps en sa pochette, la reine, mère du roi très chrétien, le lui ayant envoyé pour cadeau d'étrennes dans une reliure enrichie de pierreries et de diamants.

Cependant le bienheureux François retirait un grand nombre d'hérétiques de la babylonienne Genève, lesquels il instruisait de la foi catholique, et sustentait de toute sorte de secours humains : aux uns il procurait les moyens de continuer leurs études, aux autres d'apprendre un métier, à tous de se tirer de l'embarras où bien souvent les mettait leur conversion. Et ce n'était pas envers les seuls hérétiques qu'il exerçait sa charité ; les autres pauvres et indigents quelconques en étaient aussi participants. Un jour, par un temps d'hiver rigoureux, le maître d'école de la ville de Cluses fut introduit dans sa chambre pour traiter de quelques affaires ; ce miséricordieux prélat, le voyant vêtu à la légère et tout grelottant, lui demanda s'il n'avait point de meilleurs habits pour se défendre du froid ; le pauvre homme ayant répondu que non, il lui dit : « Attendez-moi ici, je vais revenir à l'instant. » Il entra dans son cabinet, pensant y trouver les vêtements qu'il avait quittés la veille ; mais les serviteurs les avaient retirés ; alors il se dépouilla de sa chemisette de tricot toute neuve, et revenant : « Tenez, dit-il au maître d'école, prenez ceci, cachez-le, allez-vous-en, et n'en dites rien à personne ; » et lui-même endura le froid, jusqu'à ce que son valet de chambre s'en aperçût et lui en donnât une autre.

En ce temps-là, il montra, étant à Sales, combien la mortification avait émoussé chez lui le sens du goût : c'était un jour maigre, et il avait devant lui un plat où l'on avait mis des œufs pochés, avec de l'eau simple ; or, attentif à de bons propos qu'il tenait toujours en mangeant, presque jusqu'à la fin du repas il mangea son pain seul, le trempant dans cette eau, comme si c'eût été la sauce la plus excellente du monde. C'est ainsi que naguère, dans un voyage à Thonon, il avait pris de la farine pour du sel, et ne s'en était aperçu que lorsque l'un des convives l'eut fait remarquer en disant : «Que ce sel est doux ! Toutefois, si je ne me trompe, ce n'est pas du sucre : ne serait-ce point peut-être de la farine ? » A quoi le bon évêque avait répondu en souriant : « Je vous assure que je croyais véritablement que ce fût du sel, et ça m'a été tout un. » Tant il avait l'esprit éloigné et dégagé du souci des choses qui regardent le corps seul !

Dans les derniers jours du mois de mars 1609, il apprit à Annecy une triste nouvelle, la mort de sa belle-sœur, femme de son frère, Louis de Sales, seigneur de la Thuille ; cette perte lui fut très sensible : c'était lui-même qui avait célébré le mariage sept ans auparavant, et il la tenait en haute estime à cause de ses vertus. Mais il ne se passait presque point d'année que le saint évêque n'éprouvât quelque nouveau deuil.

Sur le commencement de l'été, il travailla avec une prudence consommée et réussit merveilleusement à rétablir l'ancienne règle de Saint-Benoît dans le monastère de Talloires, sur le lac d'Annecy. Grâce à ses soins et à sa persévérance, on y vit bientôt refleurir toutes les vertus religieuses : à l'odeur de leurs parfums accourut bon nombre de jeunes gens, qu'attirait le désir d'une discipline régulière et d'une vie parfaite. Le bienheureux François en remercia avec effusion la divine Majesté, qui avait daigné bénir une si difficile entreprise.

En ce temps-là, il reçut des lettres du révérendissime élu de Belley, Jean-Pierre Camus, par lesquelles ce nouveau Timothée le priait de se porter jusques à Belley, pour le consacrer évêque. On ne saurait dire la joie qu'il conçut de cette nouvelle : il partit aussitôt, et, le trentième jour du mois d'août, par la très heureuse imposition de ses mains, il sacra ce très digne prélat dans l'église cathédrale de Saint-Jean-Baptiste, et le reçut en qualité de fils.

A peine était-il de retour qu'il reçut commandement du roi très chrétien de se porter promptement à Gex, pour s'aboucher avec le baron de Luz. Or, il s'agissait des affaires de la religion catholique : aussi fit-il diligence pour se trouver au jour assigné. Mais, pour passer le Rhône, il manqua de bateaux qui fussent capables de braver la violence du fleuve, que des pluies continuelles avaient grossi. Il n'y avait de passage que par la ville de Genève. Que faire ? fallait-il tenter l'aventure ? tous ceux qui l'accompagnaient, au nombre de douze, étaient d'avis que non, vu le danger d'une pareille entreprise. Le bienheureux leur recommanda de prier, et après sa messe, où il implora ardemment les lumières d'en haut, il déclara résolument qu'il passerait par Genève. Mais quel nom se donnerait-il à la consigne, pour entrer dans la place ? « Appelez-moi, répondit-il, l'évêque du diocèse, et marchons à la garde de Dieu. » Ainsi fut fait; et le maître de la consigne prenant, dans son ignorance, le mot *diocèse* pour le nom de quelque cité, écrivit tranquillement sur son livre : « Tel jour etc...., est passé l'évêque du Diocèse. » Ainsi ce bon et vrai pasteur entra dans sa rebelle cité, non point par les fenêtres, mais par la porte, et la traversa en habit de visite violet, jusqu'à la porte de Gex; celle-ci étant fermée à cause du prêche, il dut arrêter une heure dans un hôtel avec tous ses gens, sans qu'il vînt à personne l'idée de l'offenser en la moindre chose, quoiqu'il eût dû être connu d'un chacun à l'égal des plus nobles citoyens mêmes. La porte étant ouverte, il sortit; alors seulement, sortant comme d'un profond sommeil, les Génevois furent étonnés de leur aveuglement : ils ne comprenaient pas comment le prélat avait osé et pu impunément traverser toute leur ville.

François, étant arrivé à Gex, dit qu'il était venu par Genève : « Eh quoi! s'écria le baron de Luz, vous n'avez point eu peur de tomber entre les mains de ces perfides? Ô Dieu! s'ils vous eussent retenu ou offensé, ils étaient perdus, mais nous l'étions avec eux ! — Que pouvaient-ils contre moi ? répondit le saint homme; me faire mourir ? mais ma mort n'eût rien rapporté à leur république; me retenir ? mais je n'eusse jamais rien cédé de mes droits. J'ai eu confiance en Dieu, et il m'a délivré de leurs mains. Il ne faut pas s'alarmer de ce qui est fait, mais remercier Dieu et passer à autre chose. » Alors, il traita avec le baron des affaires de l'Église, et fit beaucoup à l'avantage de la religion catholique dans le pays de Gex.

A son retour à Annecy, la fatigue lui causa une fièvre très violente, qui toutefois ne l'affligea point si fort que la calomnie jetée dans les oreilles du duc de Savoie, au sujet de son voyage à Gex et de son passage par Genève. Le bienheureux évêque, qui n'avait songé qu'au salut des âmes et nullement à la politique, écrivit aussitôt au duc une lettre désolée, en laquelle il se justifia facilement et pleinement des accusations mensongères portées contre lui; et il reçut une réponse de Son Altesse, qui l'assurait qu'elle lui conservait son estime et sa confiance.

En ces temps on faisait aussi courir le bruit qu'il allait

être changé d'évêché : de quoi les méchants avaient une joie nonpareille, et les bons une profonde tristesse; mais lui, toujours égal, se montra aussi indifférent pour la cession de son siège que constant pour n'en pas accepter un autre. Regardant son église comme son épouse spirituelle, il aimait à citer sur ce sujet les paroles de l'Apôtre : « Es-tu attaché à une épouse? ne cherche pas à rompre ce lien; en es-tu détaché? n'en cherche pas une autre. » Mais tous ces bruits ne furent que du vent.

Parmi ces traverses l'année s'écoula, et, sur le commencement de l'autre 1610, il visita les églises de la ville d'Annecy, qu'il avait réservées pour la fin. Quant à la visite de la cathédrale, elle fut remise à un autre temps.

La baronne de Sales, sa très bonne mère, avait la joie de voir toutes ces solennités. Car elle était venue auprès de lui pour mettre ordre, disait-elle, aux derniers jours de sa vie, et elle y demeura l'espace d'environ un mois; en quel temps elle fit les exercices de dévotion sous un si bon directeur que ce sien fils, qui lui était plus cher que la vie, et, après une exacte revue de toutes ses années, elle fit une confession générale entre ses mains avec une merveilleuse contrition de cœur; puis, comme si elle eût été proche de la mort, elle se mit dans les meilleures dispositions, recevant diverses fois le très saint sacrement de l'Eucharistie; et, ses affaires domestiques l'y rappelant, elle s'en retourna à son château de Sales, avec ces belles paroles : « que jamais elle n'avait reçu tant de consolation de celui qui était son fils et son père ».

Elle continua en cette bonne joie jusqu'au jour des Cendres, qu'elle alla à la paroisse de Thorens, où elle se confessa et communia avec grande dévotion, entendit trois messes et les vêpres; le soir, étant au lit et ne pouvant dormir, elle se fit lire par sa femme de chambre trois chapitres de l'*Introduction*, pour s'entretenir en de bonnes pensées; au matin, elle se leva comme de coutume, mais en se peignant elle tomba tout soudain comme morte. Le baron de Thorens averti accourut aussitôt, la fit relever, et lui rendit le sentiment à l'aide d'essences : elle commença à parler, mais presque inintelligiblement. A la même heure, on envoya à Annecy au saint évêque, qui arriva bientôt avec un médecin et un apothicaire. Il la trouva paralysée de la moitié du corps, et plongée dans une sorte de sommeil léthargique, dont toutefois on pouvait la tirer facilement; et, quand elle était ainsi réveillée, elle montrait qu'elle avait bien sa connaissance, soit par les paroles qu'elle s'efforçait de dire, soit par les mouvements de la main qui était demeurée libre : car elle parlait fort à propos de Dieu et de son âme, et, quoique devenue aveugle, elle prenait elle-même à tâtons un crucifix placé sur son lit et le baisait amoureusement. Elle reconnut François à la voix, et lui fit le plus tendre accueil : « Celui-ci, dit-elle, est mon fils et mon père! » Lui prenant la main, elle la porta à ses lèvres avec respect; puis, étendant le bras pour l'attirer sur son cœur, elle lui donna le baiser maternel. Elle demeura deux jours et demi en cet état ; on lui donna l'extrême-onction; et enfin, le premier mars, elle rendit à Dieu sa belle âme suavement et tranquillement, et sa figure prit une singulière expression de sérénité douce et souriante qui faisait plaisir à voir. Le saint prélat eut bien le courage, après lui avoir donné une dernière bénédiction, de lui fermer la bouche et les yeux. Ensuite ses larmes s'échappèrent, et il pleura sur cette mère plus que jamais il n'avait fait depuis qu'il était ecclésiastique : mais ce fut sans amertume intérieure et sans murmure. Il lui rendit les honneurs funèbres, et déposa son corps dans le tombeau de la famille de Sales, en l'église de Thorens. On ne saurait assez louer cette dame pour sa noblesse et sa vertu. Elle avait donné au seigneur son mari treize enfants, dont cinq moururent dans le bas âge, et dont l'aîné était François, cet honneur de sa patrie et de sa maison, et cette lumière de l'Église.

Quelques jours après, le bienheureux évêque écrivait à la baronne de Chantal : « Il a plu à Dieu de retirer de ce misérable monde notre très bonne et très chère mère, pour la placer, comme je l'espère, auprès de Lui en son Paradis. Dieu est bon, et sa miséricorde est éternelle; toutes ses volontés sont justes, et tous ses décrets équitables; son bon plaisir est toujours saint et très aimable. Pourtant je confesse que j'ai eu une grande douleur de cette séparation; mais cette douleur a été tranquille, car j'ai dit comme David: *Je me tais, Seigneur, et je n'ouvre point ma bouche à la plainte, parce que c'est vous qui l'avez fait.* Si je n'avais eu cette pensée, j'eusse crié holà ! sous ce coup ; mais je n'ose crier ni témoigner de mécontentement sous les coups de cette main paternelle, que j'ai appris dès ma jeunesse à aimer tendrement. » Telle était, au milieu des plus grandes afflictions, la soumission sereine et résignée de François à la volonté de Dieu.

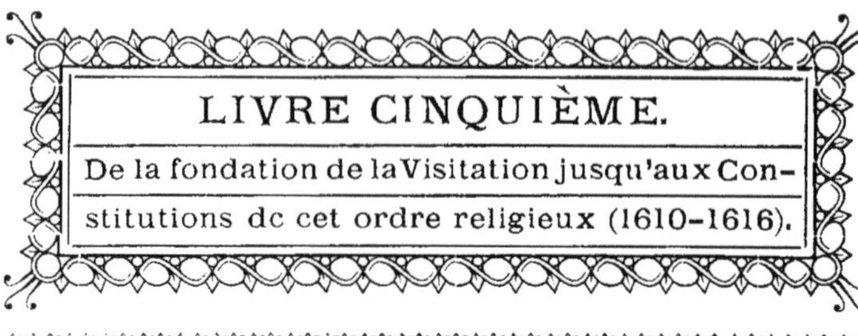

CHAPITRE I.

Origine et développement de l'ordre de la Visitation (1610-12).

EPENDANT la baronne de Chantal, ayant mis ordre à ses affaires, dit adieu à ses parents, et, résolue de se consacrer entièrement au Seigneur, vint en Savoie avec ses deux filles et Charlotte de Breschard. Elle arriva à Annecy le 29 mars, avec une lettre du seigneur président Bénigne Frémiot, son père, pour l'évêque de Genève. Cet homme vénérable faisait à Dieu, non sans déchirement, mais avec résignation, le sacrifice de sa chère fille, consolation de sa vieillesse, et promettait de faire élever, en tout honneur et en toute vertu, le fils qu'elle laissait à ses soins dans le monde.

La venue de cette dévote dame remplit de joie le cœur du bienheureux prélat. On songea aussitôt à former une petite congrégation pour servir Dieu sous la discipline religieuse. Ce projet s'étant ébruité, toute la ville en fut émue, et les discours et jugements des uns et des autres en furent divers. Jaqueline Favre, fille du grand Antoine Favre, premier président de Savoie, vint se joindre à la baronne et à Charlotte de Breschard. Le 6 juin 1610, dimanche de la Trinité et fête de saint Claude, ces trois femmes, douées d'un mâle courage, se retirèrent dans une maison qu'on appelle *La Galerie*, au faubourg de la Perrière, pour y faire la probation de la vie religieuse sous la direction du saint évêque. Celui-ci leur avait fait dresser un autel, où il célébra ce même jour devant elles, et d'où il leur fit une très belle exhortation. En peu de temps, plusieurs dévotes damoiselles vinrent se ranger à leur façon de vie, de sorte que cette compagnie commença à pouvoir porter véritablement le titre de congrégation. Toute cette première année, elles observèrent exactement la clôture, qualifiant la baronne de Chantal du nom de mère, et s'appelant sœurs entre elles. Leur continuelle occupation était d'exercices de piété et d'œuvres de pénitence, se préparant ainsi à la vie dont elles prétendaient faire profession. Il ne se peut dire quelle fut leur ferveur, ni quels furent leurs progrès tout le long de cette année. Le peuple les appelait les Dames ou Sœurs de Sainte-Marie, parce qu'elles avaient choisi la très sainte Vierge pour leur protectrice, et avaient orné leur autel de son image.

En ces temps mourut Jean Déage, qui avait été autrefois maître et gouverneur du bienheureux François : lequel pleura sur lui et fit ses funérailles, de même qu'il l'avait toujours entretenu, nourri et honoré en sa maison. En la même conjoncture, le serviteur de Dieu reçut une grande affliction de la séparation d'Antoine Favre, son plus intime ami, qui avait été nommé premier président du sénat de Chambéry, et dont l'affection n'était pas moindre, malgré cet avancement selon le monde. En quittant Annecy, pour gage d'amitié il laissa gratuitement sa maison à François, qui jusque-là n'en avait eu qu'une de louage. Le saint se logea dans cette belle demeure ; mais, par humilité et amour de la pauvreté, il ne voulut avoir pour chambre à coucher qu'un petit cabinet des plus simples, qui lui rappelât, disait-il, « qu'il était homme, et misérable homme ».

Ceci se faisait sur la fin du mois de juillet ; c'est alors qu'un gentilhomme du Chablais lui vint raconter sa misère : la tempête avait tellement ravagé ses moissons qu'il ne lui restait pas même de quoi ensemencer ses terres pour l'année suivante. L'homme de Dieu fut touché de commisération à ce récit, et, en ayant appris l'entière exactitude, il commanda à son fermier de Viuz de semer les terres de ce pauvre homme, comme si c'étaient les siennes propres épiscopales. Il faisait bien d'autres œuvres de charité, mais il les cachait autant qu'il pouvait, de peur d'en être loué par le monde. Quelque temps après, Pierre Rigaud, libraire de Lyon, qui avait édité l'*Introduction à la vie dévote*, et qui avait tiré de là de grands profits, crut devoir à l'auteur un témoignage de sa gratitude. Il le vint donc trouver à Annecy, et lui offrit quatre cents écus d'or. François ne les accepta que vaincu par les importunités du dit libraire : « mais, dit-il, je vous assure que je ne les mettrai point en usure ». Il manda une très dévote fille, qui eût bien voulu se joindre aux sœurs de Sainte-Marie, si elle avait pu apporter quelque chose à la congrégation, selon qu'il est nécessaire en ces commencements ; et, voyant qu'elle avait toujours le même désir : « Tenez, lui dit-il, en lui donnant la bourse, allez trouver la mère de Chantal, et arrangez-vous avec elle. » La fille emporta l'argent, et fut reçue peu de jours après.

Cette même année aussi, et au commencement de la suivante, 1611, il continua d'arracher à la tyrannie de l'enfer plusieurs hérétiques de la cité de Genève, n'épargnant pour ce motif ni sa peine, ni son argent. Quelques-unes de ces conversions firent grand bruit, à l'honneur de la sainte Église catholique, mais au grand déplaisir et dépit des ministres et de tous les calvinolâtres.

Quand le temps de la probation des dévotes servantes de JÉSUS-CHRIST et de sa glorieuse Mère fut révolu, l'homme de Dieu permit qu'elles fissent la profession à simples vœux. Toute la ville accourut à cette cérémonie, qui eut lieu un an jour pour jour après leur entrée à La Galerie, le six juin, fête de saint Claude. N'est-ce pas là l'accomplissement de cette vision de la vertueuse mère de Chantal, d'après laquelle elle entrerait, par la porte de Saint-Claude, au repos des enfants de Dieu ? Le bienheureux évêque lui donna solennellement le voile ainsi qu'à ses Sœurs, et leur fit une très fervente exhortation. Il voulut que la congrégation suivît la règle de Saint-Augustin, et qu'elle portât le nom de la Visitation de la très sainte Vierge Marie, parce qu'il la 'destinait à la visite des malades, des prisonniers et des misérables, pour les consoler et secourir. Il laissa aux Sœurs l'habit noir, leur assigna le petit Office de Notre-Dame à réciter à des heures déterminées, et leur recommanda sur toutes choses les œuvres de charité avec la douceur et l'humilité. C'était une merveille qui pénétrait d'émotion les cœurs de tous les bons, de voir des dames de qualité et de délicates damoiselles, élevées et accoutumées parmi les délices du siècle, mépriser ainsi le monde, visiter les malades, les infects, leur rendre les services les plus rebutants, et, outre cela, montrer envers tous une si grande douceur et courtoisie, chanter au chœur si modestement et si gravement, et servir un chacun selon leurs facultés. Il ne manquait point de gens qui se moquaient de tout cela, disant que c'était un feu de paille et une maison fondée sur le sable, qui ne dureraient pas plus que la vie du révérendissime évêque et de la mère de Chantal ; mais Dieu parfait la vertu en l'infirmité, et de petits commencements il fait sortir des œuvres merveilleuses: jamais d'ordre religieux n'a eu son origine autrement.

Pendant que François admirait et adorait les desseins de la divine Providence, et qu'il se réjouissait des heureux fruits que produisait partout son livre de l'*Introduction à la vie dévote*, la mère de Chantal vint à tomber en une grande maladie, telle que les médecins désespéraient de la sauver. Il n'y avait personne dans toute la ville qui ne jugeât que la congrégation fût perdue, si elle venait à mourir. Le seul bienheureux évêque attendait la volonté de Dieu en toute humilité et soumission. Comme elle allait toujours de mal en pis, il s'en fut la voir, comme pour lui dire le dernier adieu, la consola et lui tint ces propos : « Eh bien ! ne voulez-vous pas que la volonté de Dieu soit faite en tout et partout ? » et après qu'elle lui eut répondu que oui : « Peut-être, dit-il, que Dieu se contente de notre essai, et de la bonne volonté que nous avons eue d'ériger cette petite compagnie, tout de même qu'il se contenta de l'intention qu'eut Abraham de lui sacrifier son fils. S'il en est ainsi, que son saint nom soit béni ! » Et le Seigneur de la Thuille, son frère, lui ayant exprimé sa peine et ses inquiétudes au sujet de la fondation, après la mort de la mère de Chantal, il lui répondit avec un visage tranquille et égal : « Dieu est un bon maître : il est en son pouvoir de faire de bonne besogne avec de mauvais outils, et des pierres même il peut susciter des enfants d'Abraham. » Mais Dieu en usa avec son serviteur, comme autrefois avec le grand patriarche : la mère de Chantal recouvra la santé en peu de temps, et put de longues années fructifier en toute sorte de vertus dans la maison du Seigneur.

François prêcha le carême de l'année 1612 à Chambéry, devant le sénat, quoiqu'il eût eu à se plaindre du dit sénat dans une circonstance récente ; il fit plus : à la prière des syndics et des citoyens, il rédigea et adressa au siège apostolique, pour l'érection d'une église cathédrale dans leur ville, une supplique appuyée sur de très bonnes raisons. De là encore il envoya à Sa Sainteté une lettre pour demander la canonisation du bienheureux Amédée, duc de Savoie. Il écrivit aussi au duc sérénissime pour l'encourager à la poursu e de cette cause ; et celui-ci, pour témoigner au bienheureux prélat qu'il lui avait gardé toute son estime et toute son affection, le nomma à l'abbaye de Ripaille alors vacante, qu'il ne put toutefois lui faire accepter.

CHAPITRE DEUXIÈME.

Persécution contre les Dames de la Visitation à Annecy. — Pèlerinage de François à Milan.—Travaux dans le pays de Gex (1612-1613).

LA renommée de l'institut des Sœurs de la Visitation de Sainte-Marie était venue jusqu'aux oreilles des Lyonnais ; quelques dévotes damoiselles ou dames veuves furent touchées intérieurement du désir de le mieux connaître. Elles se rendirent à Annecy, pour voir sur les lieux mêmes et de leurs propres yeux ce qu'il en était. Elles en remportèrent mille consolations, avec le dessein d'ériger à Lyon une semblable congrégation. En effet, tout allait fort bien en cette nouvelle famille de Sœurs, et déjà il était question d'acheter en ville un emplacement pour leur bâtir un monastère et une église : cela se fit, non toutefois sans de grandes difficultés, que cependant on surmonta tout bellement, grâce à la prudence du bienheureux prélat.

À son retour de Gex, où il était allé régler quelques affaires ecclésiastiques, il trouva celles de la Visitation en bonne voie. Le 30 octobre, les religieuses, au nombre de seize, huit professes et huit novices, avaient quitté le faubourg de la Perrière pour s'installer en ville, dans une maison proche des murailles, sur le port du lac. Mais cette maison étant peu appropriée à sa destination, on voulut en acquérir encore d'autres voisines, afin de bâtir un vrai monastère : la chose souleva plusieurs oppositions, tant de la part de quelques propriétaires et de quelques officiers du duc de Nemours que d'une maison religieuse située à proximité ; enfin la prudence et la patience du révérendissime évêque triompha de tous les obstacles.

Vers ce temps-là, Gasparde d'Avise, damoiselle de très ancienne race, vint de Chambéry à Annecy saluer le serviteur de Dieu, et lui demander une place dans le monastère de la Visitation : « Oh ! soyez la bien-venue, lui dit François. Il y a déjà lontemps que la mère de Chantal et moi nous vous attendions. » Elle fut grandement étonnée à ces propos : car, ayant suivi jusqu'alors les modes et vanités du siècle, elle ne croyait pas qu'il y eût personne qui sût rien de son intention.

Le Dôme de Milan.

Mais le saint homme l'avait jadis annoncée, sans la nommer toutefois, à la mère de Chantal ; même il avait ajouté qu'elle entrerait le jour des Rois : l'événement vérifia la prophétie. Du reste, un an environ auparavant, cette damoiselle avait eu un songe mystérieux, où elle avait vu, au-dessus de la cité d'Annecy, un chemin large et spacieux aboutissant au ciel et marqué au commencement de trois brillantes étoiles ; et il lui sembla ouïr cette voix : « Voilà le chemin du ciel pour toi : si tu ne vas à ces étoiles, jamais tu n'arriveras en Paradis. » Ce songe la rendit toute pensive, jusqu'à ce qu'elle eût appris que trois dévotes dames, les mères de Chantal, Favre et de Breschard, avaient érigé à Annecy une congrégation pour passer leur vie religieusement : alors elle fut avertie intérieurement d'entrer dans la voie marquée par ces trois astres lumineux, et, pour les suivre, elle dit adieu au monde et à toutes ses joies et séductions. Néanmoins, au bout de quelque temps, elle fut violemment tentée de regarder en arrière et de retourner aux oignons d'Égypte ; mais l'homme de Dieu, après l'avoir interrogée et après avoir beaucoup prié et consulté le ciel, la confirma dans son premier dessein, de sorte qu'elle persévéra et fit de grands fruits dans la religion.

Toutes choses étant bien réglées en son diocèse, le dévot prélat voulut enfin accomplir le pèlerinage qu'il méditait depuis longtemps, au tombeau de saint Charles Borromée à Milan. Son dessein était tout d'abord de le faire à pied ; mais, cédant aux représentations et aux instances de ses amis, il partit à cheval, le 15 avril 1613, accompagné d'un bon nombre d'illustres citoyens d'Annecy, et, par le chemin de Chambéry, passa heureusement les Alpes. A Turin, il fut très bien reçu du duc sérénissime, avec lequel il traita de plusieurs choses d'importance, entre autres du pauvre état du collège d'Annecy, qui allait à sa ruine. Le duc lui conseilla, puisque les Jésuites l'avaient refusé, de le remettre aux Pères Barnabites : il lui fit le plus grand éloge de ces fils de Saint-Charles, et l'engagea à lier connaissance avec eux et à leur proposer la chose. C'est pourquoi le bienheureux François visita plusieurs de leurs établissements : il y trouva des hommes doués de toutes les qualités et perfections qui recommandent les vrais religieux. Aussi s'aboucha-t-il bientôt avec leur prévôt général, à Milan ; et l'affaire se conclut promptement au gré de ses désirs.

Dans cette ville, capitale de la Lombardie, le serviteur de

Frédéric Borromée.

Dieu fut reçu avec de très grands honneurs par le cardinal Frédéric Borromée, cousin de saint Charles, et son très digne successeur en cet illustre archevêché, et par dom Juan de Mendoza, gouverneur du pays pour Sa Majesté le roi catholique. Le lendemain de son arrivée, il célébra la messe au tombeau de saint Charles, et y pria longtemps avec abondance de consolations et de larmes.

Il revint à Turin pour la fête solennelle du très saint Suaire, et le duc voulut qu'il fût un des évêques qui exposeraient cette précieuse relique à la vénération des fidèles. Le quatrième jour du mois de mai eut lieu la cérémonie : la chaleur était extrême, et le bienheureux François était inondé de sueur. Or il arriva qu'une goutte de cette sueur tomba de son front sur le linge sacré, et se mêla ainsi avec les très précieuses sueurs du Rédempteur du monde, Notre-Seigneur JÉSUS-CHRIST. A cette vue, dans la tendresse de sa dévotion, il formula ce souhait : « Souffrez, ô Sauveur de ma vie, que je mêle mes indignes sueurs avec les vôtres, et mon sang avec votre sang, puisque vous n'en avez répandu que pour les mêler avec les nôtres, afin de leur donner le prix de la vie éternelle. »

Le vingt-cinq mai, il était de retour à Annecy : c'était la veille de la Pentecôte. Le lendemain, il célébra solennellement en son église cathédrale. Les chanoines avaient fait élever sous la voûte du temple une certaine machine qui représentait une nuée, de laquelle, après la consécration, devait sortir comme du sein des flammes une colombe vivante, pour figurer la descente du Saint-Esprit en langues de feu sur les apôtres. L'artifice réussit heureusement ; mais la colombe, après avoir longtemps volé de çà et delà par l'église, effrayée de la musique et de la multitude du peuple, s'en alla choisir son repos sur la tête nue du saint évêque, qui était debout à l'autel. Grand fut l'étonnement dans toute l'assistance : on ne pouvait se défendre de croire que Dieu avait dirigé le vol de la colombe, et qu'il avait voulu manifester ainsi la plénitude de grâce qui était en l'âme de son serviteur.

Le jour suivant, François assembla les syndics de la ville pour l'affaire du collège. Tous demeurèrent d'accord avec lui d'en confier la direction aux Barnabites, sur l'éloge qu'il leur fit de ces bons religieux. C'est pourquoi il écrivit aussitôt au duc et aux Pères, et joignit à sa lettre une lettre de la ville,

en laquelle était contenu et réglé tout ce qui regardait le dit
établissement.

Cependant le bienheureux prélat ne cessait d'exercer envers ses ouailles la charité tant spirituelle que temporelle.
Ses largesses lui attiraient souvent de fortes semonces de la
part de son intendant, qui se plaignait qu'on lui laissât à
peine de quoi subvenir à l'entretien décent de la maison épiscopale. François promettait de s'amender ; mais son amour
des pauvres lui faisait bientôt oublier toutes ses promesses.
Les besoins des âmes le touchaient encore plus que ceux des
corps. Il était particulièrement affecté du triste état de la religion dans le pays de Gex ; et, pour y porter remède, non
seulement il se rendit sur les lieux, mais il publia des ordonnances très belles et très sages, pour maintenir la vraie foi et
en procurer l'accroissement dans cette malheureuse portion
de son diocèse. Ce fut en ces travaux et en d'autres qu'on ne
saurait dire, qu'il termina l'année mil six cent treize et commença la suivante.

CHAPITRE TROISIÈME.

**Les Barnabites à Annecy. — Les Chartreux à Ripaille. —
François est appelé à la diète de Ratisbonne. — Il va à Lyon
— à Sion. — Traits de fermeté et de charité (1614-1615).**

LE général des Barnabites avait envoyé, pour restaurer le
collège d'Annecy, trois de ses Pères : dom Simplicien
Frégoze, dom Juste Guérin et dom Vitalien Berrette, hommes
très doctes et très religieux. Toutes les conventions avec la
ville et les administrateurs étant faites, le bienheureux François les mit lui-même en possession, et fit un bel éloge de ces
Pères et de leur Ordre. Aussi furent-ils reçus alors avec applaudissement : ce qui n'empêcha point qu'ils n'eussent plus tard
beaucoup à souffrir de la part des méchants. Le bon prélat se
plaisait grandement avec eux et en leur conversation, prenait
quelquefois son repas en leur communauté, les appelait souvent à sa table, allait souvent en leur église célébrer, prêcher
ou catéchiser, et aimait à se dire lui-même Barnabite. Les
Pères s'adjoignirent d'excellents maîtres ; et, sous de tels
recteurs, le collège refleurit aussitôt et fut remis en sa première splendeur. Ils y enseignèrent les lettres humaines, la

rhétorique et la philosophie, et quelque temps aussi la théologie morale. Ils firent bien davantage : car ils se chargèrent d'enseigner la doctrine chrétienne au peuple dans plusieurs églises de la ville. Et, si François les aimait pour leur zèle et leur vertu, eux, de leur côté, l'admiraient et honoraient merveilleusement, regardant en lui la vive image de leur saint Charles.

Vers le même temps, le serviteur de Dieu sollicita et obtint du duc de Savoie l'établissement des Chartreux dans la célèbre abbaye de Ripaille, à laquelle Son Altesse l'avait autrefois nommé lui-même. Ils vinrent donc s'y installer, au grand bien de tout le pays de Chablais.

Cela se faisait le 15 juin 1614. Quelque temps auparavant, le grand évêque recevait de l'empereur Mathias Ier des lettres de convocation à la diète qui devait se tenir à Ratisbonne, le 1er février de l'année suivante. Il était prié, comme prince du Saint-Empire, de se rendre à cette assemblée en personne ou par procureur, pour y délibérer sur les moyens d'expulser le Turc, immortel ennemi du nom chrétien, des confins du royaume de Hongrie. Le messager, porteur des lettres, était allé tout premièrement à Genève, selon l'ancien usage et pour protester contre l'état des choses, et s'était dirigé tout droit vers le palais épiscopal : là, il avait frappé à la porte et demandé l'évêque ; sur la réponse qu'il n'y était pas, mais qu'il demeurait à Annecy, l'envoyé de l'empereur, après avoir pris acte de son message, s'en était venu dans cette dernière ville.

François répondit à Sa Majesté impériale qu'il eût bien désiré pouvoir se rendre à l'invitation dont elle l'honorait, mais que l'état de son église ne lui permettait point de venir en aide au très auguste empereur, autrement que par ses oraisons et sacrifices.

Le vingt-cinq juin, le serviteur de Dieu partit d'Annecy, pour aller voir le très vertueux archevêque de Lyon, Denys-Simon de Marquemont, qui depuis a été cardinal. Celui-ci, à la nouvelle de son approche, lui députa un prêtre pour l'inviter en son archevêché et l'avertir qu'il irait lui-même à sa rencontre, l'appelant l'honneur et la couronne des prélats. Il alla, en effet, au-devant de lui, accompagné de plusieurs comtes et des principaux de la ville, et lui fit un accueil magnifique. Le saint homme demeura à Lyon l'espace de huit jours, pendant lesquels il fut très splendidement traité et honoré de la ville, prêcha en la fête de saint Pierre et de saint Paul, conféra avec ces bonnes dames et damoiselles qui désiraient embrasser l'institut de la Visitation, conclut avec le révérendissime archevêque d'ériger une congrégation à Lyon, et enfin lia une très sainte et très étroite amitié avec ce grand prélat, qui ne lui permit qu'à regret de repartir pour Annecy.

Le huit septembre suivant, fête de la Nativité de Notre-Dame, il célébrait solennellement dans l'église collégiale d'Annecy ; voilà que, par une fente d'une fenêtre, entra une colombe toute blanche, qui, après avoir voleté quelque temps çà et là, vint se reposer sur son épaule et puis sur ses genoux, lorsqu'il était assis au trône, et fut ainsi prise sur lui par les assistants. On se ressouvint de ce qui était arrivé tout de même en l'église cathédrale, et la singularité de la chose rehaussa encore dans l'esprit d'un grand nombre l'opinion qu'ils avaient de la sainteté de leur pontife. Après les vêpres, François fit la grande prédication et publia les louanges de la glorieuse Vierge ; tirant son sujet des circonstances, il montra que Marie est la colombe de Dieu, et cette bien-aimée dont la voix est douce et la face agréable : qu'elle est cette colombe toute belle, et en laquelle il n'y a point la moindre tache. Sur quoi il s'étendit si abondamment, si suavement et si dévotement, qu'il sembla véritablement avoir la voix de cette belle colombe qui se baigne dans le lait et fait sa résidence au bord des claires eaux.

Quelques jours après, au milieu d'un grand concours et des acclamations du peuple, il posait la première pierre du monastère de la Visitation.

Le premier décembre, il partit pour Sion, en Valais, afin d'y assister à la consécration du nouvel évêque, comme celui-ci l'en avait prié. Il fut reçu dans la ville avec toute sorte d'honneurs. Le jour de la solennité étant venu, il monta en chaire, revêtu de la chape et la mitre en tête, et fit la prédication sur la dignité et l'autorité épiscopales, avec tant d'énergie, d'érudition, de piété et d'éloquence, que le peuple émerveillé se mit à publier tout haut ses louanges. Il y avait aussi là un grand nombre d'hérétiques, qui, en le voyant et en l'entendant, conçurent une telle aversion de leurs ministres, qu'ils ne différèrent pas plus outre de s'adresser à lui, de lui proposer leurs doutes et difficultés, et de recevoir ses salutaires instructions au profit de leurs âmes.

Vue de Sion.

Il revint de Sion le 19 décembre, et, le 28 janvier 1615, sur la demande de quelques dames, qui étaient venues exprès à Annecy en carrosse, il envoya à Lyon, pour y fonder une nouvelle colonie de la Visitation, la révérende mère Jeanne Françoise Frémiot de Chantal avec trois autres sœurs des plus nobles et des plus vertueuses. Ce fut en cet hiver-là qu'un pauvre homme tout déchiré et presque nu, étant monté jusqu'à la porte de sa galerie, où par hasard il se promenait tout seul, et lui ayant demandé l'aumône, le saint évêque, n'ayant rien autre pour lors, alla tout aussitôt prendre en son cabinet un bon haut-de-chausses qu'il lui donna pour l'amour de Dieu : on dit même qu'il se dépouilla, en faveur de ce misérable, du haut-de-chausses qu'il avait sur lui, n'en ayant point trouvé d'autre dans sa garde-robe.

Or, on ne saurait croire de combien d'indignités un homme d'une si grande perfection qu'il était fut abreuvé, en ce temps-là, par des gens qui eussent dû baiser l'empreinte de ses pieds sur la terre, lui étant obligés à toute sorte de titres. L'envie s'attaqua aux très chers frères de notre prélat, Bernard, baron de Sales et de Thorens, et Janus, chevalier de Malte, et les calomnia auprès du duc de Nemours, d'ailleurs très bon prince. La chose alla si loin que le bon évêque crut prudent de se retirer pour quelque temps avec ses frères au château de Sales. Quand il revint, pour le carême, il trouva la persécution plus forte que jamais, si bien qu'il se résolut enfin à écrire au prince une lettre à la fois très forte et très respectueuse, dans laquelle, en confondant la calomnie, il vengeait ses frères et prouvait leur innocence.

Il ne montra pas moins de fermeté et de sagesse dans les tempêtes qui s'élevèrent alors contre la sainte congrégation de la Visitation. « Tout ce que les médisants et malveillants tentent contre nous doit être méprisé, disait-il ; ce sont des coassements de grenouilles qui ne font de mal qu'aux oreilles ; ce sont des chiens qui jappent contre la lune. Savez-vous bien comment il faut punir les impies ? en méprisant la médisance, et en ne rabattant rien de sa tranquillité d'esprit. » Un seigneur de qualité, s'étant mis en l'imagination qu'il avait persuadé à une dame, qui était entrée dans le monastère de la Visitation, d'abandonner certains droits et une bonne somme d'argent en faveur de la congrégation, vint trouver le bienheureux prélat, et, se croyant lésé, éclata contre lui en reproches insolents et insupportables. Mais le saint homme ne s'en émut pas beaucoup : au contraire, il lui répondit avec le plus grand calme, l'invitant à ne point donner cours à sa colère sur de faux rapports, et l'assurant qu'il n'était pour rien dans la détermination de cette dame. Celui-ci ne voulut rien entendre, et s'emporta jusqu'à le menacer, et à dire qu'il romprait les portes de la Visitation. Alors François lui repartit paisiblement que les menaces le touchaient peu, et que, du reste, il y avait une justice qui ne manquerait pas de punir des entreprises ou des violences de cette sorte. Le cavalier se retira en jurant que rien ne l'arrêterait ; mais l'évêque rassura ses gens et leur dit par trois fois avec une singulière énergie : « Non, non, il ne rompra point les portes du monastère ! »

Un autre puissant seigneur vint un jour lui demander une cure vacante pour un de ses protégés, qui avait reçu les ordres sacrés dans un autre diocèse ; mais le serviteur de Dieu, qui ne conférait jamais de cure qu'au concours, ayant examiné le candidat et l'ayant trouvé ignorant, et sachant par ailleurs qu'il menait une vie peu édifiante, le rejeta. Alors, le protecteur, aveuglé par la colère, en vint aux grossièretés et aux injures, sans avoir la moindre repartie. Enfin, quelques paroles du saint, pleines de calme et de douceur, rendirent ce pauvre homme muet et confus, et l'obligèrent bientôt à demander pardon de son insolence : il n'eut pas de peine à l'obtenir, et depuis il honora fort celui qu'il avait offensé.

Le vertueux pontife ne pratiquait pas moins la charité que la patience. Il multiplia surtout ses aumônes, lorsque la disette était grande en Savoie. Il acheta alors une quantité considérable de froment ; deux jours la semaine, il en faisait faire une large distribution à tout venant, et il en envoyait une provision aux pauvres honteux, dont il avait soin de s'enquérir.

CHAPITRE QUATRIÈME.

Consolations de François. — Il établit les Barnabites à Thonon. — Il est visité par l'archevêque de Lyon. — Nouvelles calomnies contre lui auprès du duc de Savoie (1615-1616).

LES beaux actes de vertu de François attiraient fort souvent sur lui les suavités de la divine bonté, principalement lorsqu'il prenait la plume pour la composition et continuation de son livre de l'*Amour de Dieu*, commencé l'année précédente ; et ces suavités étaient si tendres que souvent il était contraint d'interrompre son écriture pour s'essuyer les yeux, ou qu'il épanchait sur le papier l'abondance de ses larmes. Dieu le visita même d'une façon tout extraordinaire: c'était le 25 mars, jour où l'Église célèbre l'incompréhensible mystère de l'Incarnation du Verbe éternel, sous le nom de l'Annonciation de la très glorieuse Vierge. Étant de retour de la prédication qui avait été faite en la collégiale de Notre-Dame, sur le tard il voulut être laissé seul en sa chambre pour réciter son chapelet; après quoi, il se jeta à genoux sur son prie-Dieu, pour méditer sur le mystère de la fête. Et voilà que, quelques minutes étant écoulées, le Saint-Esprit tomba sur lui en espèce visible, c'est-à-dire comme un globe de feu, qui se fendit et partagea aussitôt en tant de petites flammes, et l'environna ainsi de telle sorte, qu'il se vit tout embrasé, sans toutefois en éprouver aucun dommage, ni en sa personne, ni même en ses habits. De prime abord, son cœur fut saisi d'un peu d'appréhension; mais il fut aussitôt remis et rempli d'une si grande douceur du divin amour que l'explication n'en peut être faite par une bouche humaine. Pendant qu'il était tout pénétré et suavement consumé de ce feu céleste, son très cher frère, Louis de Sales, seigneur de la Thuille, entra inopinément dans la chambre, selon qu'il avait coutume fort souvent de s'aller entretenir avec lui jusqu'à l'heure du souper. Lui voyant le visage tout enflammé: « Hé ! qu'avez-vous, Monseigneur ? lui dit-il, êtes-vous souffrant ? — Non, mon frère, répondit le saint évêque, par la grâce de Dieu je ne suis point malade. » Mais son frère ajouta : « Monseigneur, il ne faut pas vous contraindre avec moi ; je m'en vais faire venir les serviteurs. » Comme il voulait sortir en disant ces paroles, François le rappela et lui dit : « Mon frère, laissez, n'appelez personne ; je vous raconterai tout ce que c'est et ce qui m'est arrivé, pourvu que vous me promettiez de n'en rien dévoiler : car c'est un secret du Seigneur. » Alors il se mit à lui raconter toute cette histoire, et, en parlant, il tremblait de tout son corps. Depuis, le seigneur de la Thuille porta une révérence plus particulière à son saint frère, et il commença à remarquer soigneusement toutes ses actions, jugeant bien qu'il était des amis de Dieu.

Le Père Louis de la Rivière, très célèbre prédicateur de l'ordre des Minimes, avait fait tout le carême devant lui, et avait fort bien remarqué l'éminence de sa vertu. Le mardi de Pâques, jour où les prédicateurs ont coutume de dire adieu aux peuples, il ne put se retenir de faire l'éloge du bienheureux prélat : « Quel bouquet vous donnerai-je en me séparant de vous, dit-il ? quel miroir vous laisserai-je ? Regardez, Messieurs d'Annecy, regardez votre évêque, prenez-le pour modèle : que ce soit votre exemplaire, votre bouquet et votre miroir ; soyez imitateurs de ses vertus, car c'est un saint ; oui, je le repète, votre évêque est un saint, et on peut lui appliquer ce que la reine de Saba disait à Salomon : *Bienheureux ceux qui sont toujours auprès de vous et entendent votre sagesse !* »

A ce discours, François baissa les yeux et rougit de confusion ; et, quelque temps après, prenant le prédicateur à part, il le réprimanda au sujet des louanges qu'il en avait reçues, terminant par ces mots : « Hélas ! si vous saviez ma misère, je vous assure que vous parleriez bien tout autrement ! » Néanmoins, le docte religieux ne se repentit jamais des éloges qu'il lui avait donnés, et qui répondaient si bien au sentiment de tout le peuple.

Le dernier jour du mois d'août, l'homme de Dieu s'en alla à Thonon, où, le 3 septembre, il établit les clercs réguliers de Saint-Paul, autrement dits Barnabites, pour l'éducation de la jeunesse et pour les autres ministères qu'ils exerçaient si dignement à Annecy.

Quelque temps après son retour dans cette ville, il y reçut, le 30 octobre, Monseigneur de Marquemont, archevêque de Lyon, qui venait lui rendre sa visite, et conférer avec lui sur certains points concernant l'institut de la Visitation. On n'oublia aucune sorte d'honneur envers un si grand prélat, dont la sainteté était en très grande réputation, et qui tenait un si haut rang dans l'Église de Dieu. Le premier jour de novembre, l'archevêque officia solennellement et prêcha à la cathédrale ; il se montra fort bienveillant envers les Pères Barnabites, et visita leur collège qu'il honora d'une prédication.

Sur ces entrefaites, une cure étant venue à vaquer, il y eut lieu d'ouvrir un concours pour la donner au plus digne, et le révérendissime archevêque assista à l'examen des concurrents. Parmi eux se mêla un gentilhomme ecclésiastique, qui n'avait salué les lettres que de bien loin, et qui se vantait publiquement d'emporter ce bénéfice à la faveur des hautes recommandations dont il était pourvu. Il étalait des prétentions et une insolence insupportables, protestant entre autres choses qu'il ne voulait être interrogé et répondre qu'en langue française. Il arriva qu'à l'ouverture du Missel, il lui échut à expliquer l'évangile, où la mère des fils de Zébédée demande pour iceux la première place à droite et à gauche du Seigneur dans son royaume, et où le Seigneur leur répond en cette sorte : « Vous ne savez ce que vous demandez. » Le pauvre homme se vit bien en peine, et ne put rendre aucune raison du texte qui lui était présenté : toutefois, il ne laissait point de faire du rodomont, et ne perdait point contenance devant les rires ou l'indignation de la nombreuse assistance, révoltée de tant d'audace. Alors le bon évêque se mit à lui dire : « Monsieur, pour me servir des paroles de Notre-Seigneur, vous ne savez ce que vous demandez. Je veux bien vous croire capable de posséder ce bénéfice et d'en consommer les revenus ; mais que vous puissiez vous acquitter de la charge des âmes avec si peu de savoir, c'est ce que je ne pense pas, et partant ce n'est pas à moi de vous conférer ce bénéfice : car je ne suis point donneur des bénéfices, mais tant seulement dispensateur : c'est pourquoi je dois les conférer et les dispenser entre les plus capables. » Aussi le donna-t-il à un docteur d'une science éminente et d'une piété reconnue. Le gentilhomme ainsi rejeté eut recours à la menace, et dit tout haut qu'il écrirait à Son Altesse et l'avertirait du peu d'état que l'on faisait de ses lettres de recommandation. Mais tout le monde savait bien que l'intention du duc de Savoie n'était pas de contraindre le révérendissime évêque à faire autre chose que ce qu'il verrait être juste et raisonnable.

Ce téméraire ne mit pourtant pas fin à son insolence : il osa composer contre François un libelle diffamatoire, rempli

de mille injures et indignités. L'homme de Dieu n'en fit point
d'état. Mais le chapitre prit fait et cause pour le pontife, et
se mit à procéder rigoureusement contre le coupable ; une
sentence sévère allait être prononcée, si le débonnaire prélat
n'eût usé lui-même de prières envers son chapitre et obtenu
la suppression de la dite sentence. Il fit bien davantage : car,
quelques années après, sans en être sollicité, mais de son
propre mouvement, il procura à ce même homme une charge
très honorable selon sa condition et sa naissance, auprès des
sérénissimes princes ; de sorte que c'était devenu un pro-
verbe tout commun en Savoie, qu'il suffisait d'offenser le
bienheureux François pour en recevoir toute sorte de bienfaits. Certes, cet homme apostolique excellait en l'imitation
de JÉSUS-CHRIST, et surtout au regard de la dilection des
ennemis ; et jamais personne n'a remarqué en lui le moindre
ressentiment des injures reçues. Le grand archevêque de
Lyon, durant son séjour, prononça diverses fois que c'était
un saint, et dès lors le respecta toujours comme tel ; voire
même, tout archevêque qu'il était et primat des Gaules, il ne
fit point difficulté de l'appeler *son père*.

Ces deux grands prélats traitèrent entre eux de plusieurs
choses pour le bien et la perfection de la sainte Compagnie
de la Visitation. Ils réglèrent, entre autres, que les sœurs
observeraient entièrement la clôture, et que l'on adresserait
une requête au vicaire de JÉSUS-CHRIST, pour obtenir que
Sa Sainteté daignât ériger cette congrégation en ordre religieux : après quoi Monseigneur de Marquemont s'en retourna
en France.

Mais quelques gens malveillants ne réussirent-ils pas à
donner de l'ombrage au duc de Savoie, sur le sujet de cette
visite de l'archevêque de Lyon à l'évêque de Genève ; ils firent
entendre à la cour de Turin que les deux prélats s'étaient
réunis pour concerter quelques projets dans l'intérêt du roi
de France. Son Altesse accueillit ces ouvertures, et écrivit
soudain au marquis de Lans, Sigismond d'Este, gouverneur
de Savoie, lui demandant compte de ce qui s'était passé. Le
marquis envoya aussitôt un exprès au bienheureux François,
qui fut bien étonné de si étranges soupçons, et qui répondit
incontinent que l'archevêque n'avait voulu que lui rendre sa
visite ; qu'il n'était point venu en cachette, comme ont coutume de faire ceux qui ont de mauvais desseins, mais au
vu et au su de tout le monde, accompagné de huit hommes

à cheval ; qu'enfin ils n'avaient traité ensemble, il l'affirmait sur son honneur et sa conscience, que de choses purement spirituelles. Il ajoutait en terminant : « Si Votre Excellence me le permet, je lui dirai en toute liberté que je suis né et que j'ai vieilli en une solide fidélité envers notre prince souverain, à laquelle et ma profession, et même toutes les considérations humaines m'obligent étroitement. Je suis essentiellement savoisien, moi et tous les miens, et je ne saurais jamais être autre chose ; et je ne comprends pas comment je puis donner aucun ombrage, principalement après avoir vécu comme j'ai fait. Je me promets de la faveur de Votre Excellence que Son Altesse sera parfaitement satisfaite de mes explications, et que rien ne se saura de cet ombrage, car le bon Monseigneur de Lyon en serait beaucoup plus affligé que je ne le suis moi-même. »

Après cela, le saint évêque remit sa cause entre les mains de la bonne Providence, et continua de vaquer paisiblement à ses travaux ordinaires. Il ne laissa pas de conférer par lettres avec le révérendissime archevêque pour le bien de ses chères filles de la Visitation : de telles relations, comme il disait, n'avaient pour but que des affaires spirituelles, et pour objet que l'avancement du royaume de Dieu.

CHAPITRE CINQUIÈME.

Le traité de l'*Amour de Dieu*. — François est de nouveau persécuté ; sa patience et sa charité. — Guerre de Piémont. — Guérisons opérées par le saint. — Guerre en Génevois (1616).

ALORS parut ce livre angélique de l'*Amour de Dieu*, auquel François travaillait depuis deux ans : livre vraiment admirable, que l'on considère la grandeur de l'ouvrage, la gravité de la matière ou l'habileté de la composition. « Il y représente, comme en des tableaux sacrés, l'histoire de la naissance, du progrès, de la décadence, des opérations, propriétés, avantages et excellences de l'amour divin, et le tout si divinement que nul autre avant lui n'est parvenu, et que nul autre après lui n'atteindra jamais à cette perfection. On peut appeler ce livre une somme très complète et très parfaite de théologie affective, où la volonté humaine, épurée de toutes les autres affections, fait son cours en la science du saint amour. Tout ce qui se passe de mystérieusement ineffable entre l'âme embrasée de cet amour et l'époux céleste, il l'expose et l'explique avec une exactitude en même temps qu'avec une délicatesse exquise. Des choses les plus communes et les plus ordinaires l'auteur tire des comparaisons si naturelles qu'elles semblent être venues se placer d'elles-mêmes au bout de sa plume; et il arrive à faire entendre les plus déliées et spirituelles conceptions par ces choses grossières, matérielles et sensibles. Et ce qui est infiniment admirable, c'est que des buissons mêmes et des halliers épineux de la scolastique, il cueille des roses d'amour si fraîches et si délicieuses, que les esprits se peuvent délecter de leur vue et de leur parfum, sans être nullement atteints des piqûres de leurs épines. Quant à l'élégance du style, elle est telle, dans ce livre, que le plus rigoureux critique y trouverait difficilement à reprendre. Bref, tout ainsi qu'une belle et fine glace de miroir, recevant les rayons du soleil, renvoie, çà et là, en forme d'un éclair fixe et permanent, l'image et l'espèce qu'elle en a prise et qu'elle conserve aussi longtemps que rien ne s'interpose entre elle et le soleil : tout de même en est-il de cette belle âme, parfaitement nette et épurée de toutes affections humaines, laquelle, recevant en soi les rayons du divin amour, auquel elle est toute transformée et dont elle ne s'est jamais séparée, renvoie partout l'image de ce soleil, qu'elle exprime dans ce livre en la même forme qu'elle l'avait reçue; image qui, étant celle-là même du Soleil d'amour, éblouit les yeux de ceux qui n'ont pas la vue assez ferme ni exercée à soutenir l'éclair et le brillement de ses rayons. Aussi ce traité n'est-il que pour les âmes déjà fort avancées, pour les aigles, et non pour les aiglons qui cillent encore à l'éclat d'une lumière trop vive. Partant, ce n'est pas merveille si plusieurs n'en ont pas continué la lecture après l'avoir ouvert, ou si beaucoup s'en abstiennent tout à fait : en quoi ils doivent s'humilier, et reconnaître ou la faiblesse de leur vue, ou leur attachement excessif aux choses de la terre, qui ne leur permet ni de comprendre ni de goûter la doctrine de ce livre. » Tel est le jugement qu'en a donné le très docte et très dévot Abbé général de la congrégation des Feuillants, Jean de Saint-François, l'un des meilleurs et des plus polis écrivains de notre siècle. Et véritablement ce livre contient une manne cachée et divine. Le bienheureux s'y est peint lui-même tout tel qu'il était, et quiconque aura envie de connaître son âme et son intérieur n'a pas besoin d'aller chercher ailleurs des renseignements : il l'y trouvera naïvement exprimé et tiré au naturel, d'autant qu'il a exactement fait tout ce qu'il a enseigné.

Ce merveilleux traité fut accueilli avec applaudissement et admiration des théologiens, des docteurs, des religieux et de tous les chrétiens pieux et instruits, des laïques aussi bien que des ecclésiastiques, voire même des nobles et des rois. On le comparait aux livres des Augustin, des Jérôme, des Ambroise, des Grégoire et autres lumières de l'Église. Le roi d'Angleterre, Jacques Ier, qui avait si fort loué le livre de l'*Introduction à la vie dévote*, ayant lu celui-ci, prononça tout haut qu'il avait un grand désir d'en voir l'auteur, et que ce devait être un grand et saint personnage ; on dit même qu'il mit ses évêques au défi de produire rien de pareil, qui sentît ainsi le ciel et l'esprit angélique : étrange estime d'un prince hérétique et schismatique pour un livre catholique, composé par un prélat catholique romain ! Le bienheureux François en ayant eu la nouvelle : « Hé ! dit-il, qui me donnera les ailes de la colombe, et je volerai à ce roi, en cette grande île toute couverte des brouillards de l'erreur ! » Il désirait vivement la conversion et le salut du peuple de ce pays, qui avait été appelé autrefois la patrie des saints ; et il adressait souvent au ciel de ferventes prières à cette intention.

Cependant que les étrangers le louaient et l'admiraient à l'envi comme un saint, il ne laissait pas d'avoir à souffrir des avanies et des persécutions de la part de quelques-uns de ses diocésains. Il y avait un gentilhomme de grande qualité et puissant dans le siècle, mais d'ailleurs très débauché et insolent, qui, ayant quelque teinture des lettres, avait composé des satires contre le saint évêque, et allait partout vomissant le venin empesté de ses calomnies ; et voyant qu'il y perdait sa peine et que l'homme de Dieu ne s'en émouvait ni troublait aucunement, il mena plusieurs nuits de suite, au plus fort de l'hiver, lorsque la terre était toute couverte de neige, une meute de chiens au-dessous des fenêtres de sa chambre, et il leur faisait tirer les oreilles par ses serviteurs et par d'autres mauvais sujets de la ville, afin qu'ils hurlassent comme les loups. Ces misérables faisaient bien davantage : ils criaient et clabaudaient comme s'ils eussent été à la chasse, et tiraient des coups de pistolets ; de sorte que non seulement le bienheureux prélat, mais tout le voisinage était contraint de passer les nuits entières sans dormir ; et il n'y avait personne qui osât réprimer cette insolence, voire la justice y avait travaillé en vain, tant ce seigneur était puissant. Les serviteurs du saint homme brûlaient de mettre à la raison ces bélîtres et pendards ; mais il ne voulut jamais le leur permettre, disant avec une mansuétude nonpareille : « Non, laissez, laissez : ils endurent plus que nous : car, à tout le moins, nous sommes ici chauds et à couvert. Ils sont plus dignes de compassion que de colère. » Ne pouvant reposer en un si grand bruit et tintamarre, il se levait du lit, priait Dieu pour eux au pied du crucifix, et disait à l'imitation de JÉSUS-CHRIST : « Père, pardonnez-leur, parce qu'ils ne savent ce qu'ils font. » Ils allèrent jusqu'à jeter des pierres contre ses fenêtres et à en briser les vitres, et à commettre mille autres indignités insupportables, sans pouvoir lasser sa patience. Enfin l'homme de Dieu, ayant rencontré par hasard le misérable auteur de ces insolences dans le parloir du monastère de la Visitation, le salua et l'embrassa très cordialement, comme si jamais il ne lui eût fait la moindre offense, ajoutant même, selon son ordinaire mansuétude et débonnaireté, de très suaves paroles de bienveillance. Si jamais personne resta étonné, ce fut ce gentilhomme, qui ne put alors que balbutier quelques excuses, et qui protesta souvent depuis avoir été plus touché de ce procédé véritablement chrétien qu'il ne l'eût été des semonces de cent prédicateurs.

En ce même temps éclata une grande et fâcheuse querelle entre le frère germain de cet homme-là, marquis de qualité, qui semblait aussi avoir fait vœu de haine contre le bienheureux François, et un seigneur fort riche et fort illustre ; et la querelle s'envenimait de jour en jour par de nouvelles offenses, de sorte qu'elle ne pouvait manquer de finir par le fer et la violence. Ce dernier était venu à Annecy avec douze chevaux, dans l'intention de se battre ; mais, en passant devant les fenêtres du palais épiscopal, il fut vu et salué de l'homme de Dieu, qui même lui fit signe qu'il désirait lui parler. Il mit donc pied à terre, pendant que le saint évêque descendait de sa chambre. Dès les premiers mots, il fut bien surpris que François connût le dessein qu'il avait de se battre avec le marquis, d'autant qu'il ne s'en était déclaré à personne. Le serviteur de Dieu leur conseilla la paix, et fit tant qu'ils l'acceptèrent pour arbitre de leur différend ; et dans peu de jours, par le zèle qu'il avait au salut du prochain et par son charitable travail, ces deux seigneurs, qui avaient juré la mort l'un de l'autre, se réconcilièrent, et furent par après bons amis.

Cependant la possession du duché de Montferrat fut alors l'occasion d'une prise d'armes entre le duc de Savoie et celui de Mantoue. L'Espagne prit fait et cause pour celui-ci, et le monarque très chrétien pour celui-là. En peu de temps les plaines du Piémont furent couvertes d'armées françaises, espagnoles, italiennes et allemandes, accourues au secours soit de la Savoie, soit de Mantoue. Le bienheureux François fit son possible pour l'aide de son prince : il institua des prières solennelles par tout son diocèse, exposa le Très-Saint-Sacrement, source et lien de paix et d'union, et exhorta son peuple à la piété et à la pénitence. Pendant qu'on se battait furieusement, il ne cessait de lever les mains au ciel, et multipliait les actes de vertu, pour rendre la majesté du Dieu tout bon et tout-puissant propice et favorable aux affaires de la Savoie. Surtout il avait soin des pauvres, parce que la famine était la compagne de la guerre ; et ceux qui avaient connaissance des grandes aumônes qu'il faisait sans compter, étaient ravis dans l'admiration de son incomparable charité. Un jour, un bon prêtre d'une paroisse, située aux portes de Genève, vint lui exposer l'extrême nécessité à laquelle il se trouvait réduit par les injures du temps et des guerres : le bon prélat, en l'absence de son intendant, donna en aumône à ce pauvre ecclésiastique deux grands chandeliers d'argent de sa chapelle, que le curé vendit dans Genève même pour se procurer de quoi vivre, et que le saint évêque ne permit jamais de racheter.

Dans ces jours de calamité, il fit merveille aussi pour la visite, consolation et guérison des malades. Un boulanger d'Annecy, Bernard Paris, gisait malade à la mort, abandonné de tous les médecins. Le bienheureux François le visita, et, voyant qu'il avait perdu la connaissance et était entré en agonie, il le signa et le bénit. Puis, en se retirant, il dit à la pauvre femme, qui fondait en larmes et s'épuisait en lamentations : « Ne pleurez pas ; priez, et votre mari vivra. » Là-dessus, il s'en alla à vêpres : à la même heure, le moribond reprit vie, et dans peu de jours il fut remis en entière santé ; et, tout le reste de son existence, il crut et protesta le devoir aux prières de son saint évêque. Le prieur du monastère de Talloires, Claude-Louis-Nicolas de Coëx, fut aussi guéri alors d'une fièvre pestilentielle ; et il ne cessa jamais d'attribuer sa guérison à la puissante intercession et à un miracle du serviteur de Dieu.

Mais outre qu'il guérissait les corps, il guérissait encore les âmes. Un jour qu'il prêchait en l'église de Saint-Dominique, il s'aperçut, au milieu de son discours, qu'il avait pour auditeur un gentilhomme hérétique des plus obstinés ; il passa si à propos de son premier sujet à la matière des points de controverse, et montra si bien la beauté de la vérité catholique, que ce gentilhomme, résolu dès lors à se convertir, s'adressa à lui, la prédication achevée, et entre ses mains renonça à toute sorte d'hérésie et fit profession de la foi de la sainte Église romaine.

En ce temps-là, le duc de Nemours s'étant cru offensé par le duc de Savoie, tandis qu'on se battait fort et ferme en Piémont, passa le Rhône avec une puissante armée, entra dans la Savoie, et tâcha de s'acquérir le souverain empire au pays de Génevois par le moyen de son épée. L'alarme fut grande en la ville d'Annecy, qui faillit être surprise. Le bienheureux François fut la seule espérance de ses pauvres enfants en cette conjoncture. En vain lui disait-on qu'il y avait un grand nombre d'hérétiques dans l'armée assiégeante, qui se jetteraient plutôt sur lui que sur personne autre, et que partant il ferait bien de se mettre en sûreté avec ses meubles les plus précieux. Il voulut rester en sa maison, courir les mêmes dangers que ses ouailles, et mourir, s'il le fallait, en accomplissant les devoirs de sa charge pastorale. Mais, en même temps, il calmait les appréhensions de son cher peuple, l'assurant que la ville n'aurait pas longtemps à souffrir des incommodités de la guerre, et que bientôt la bonne intelligence serait rétablie entre les deux princes, unis par les liens du sang. Ce qu'il avait prédit se vérifia promptement. Le duc de Savoie, qui venait secourir la ville d'Annecy, descendit tout droit à l'évêché, où il fut accueilli avec toute sorte d'honneurs. Le bienheureux François profita de la présence de Son Altesse pour traiter avec elle d'affaires importantes, et, entre autres, de la réforme des religieux de l'un et de l'autre sexe. Les mesures sages et prudentes que proposait l'homme de Dieu pour atteindre ce but, agréèrent fort à ce très religieux prince, qui lui promit de le seconder de tout son pouvoir dans l'exécution d'une si belle et si utile entreprise.

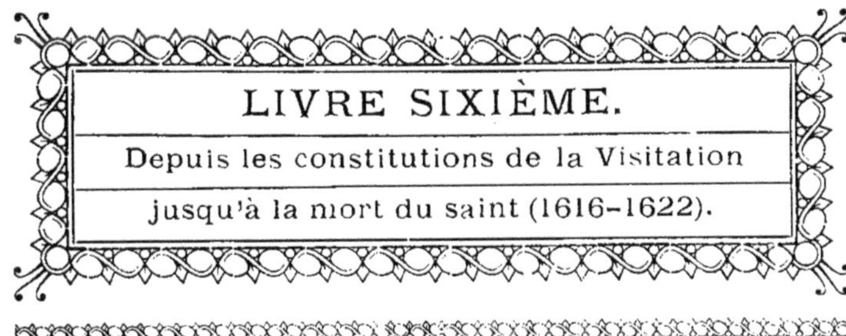

CHAPITRE PREMIER.

Constitutions de l'ordre de la Visitation. — Prédications à Grenoble : conversions. — Mort du baron de Thorens. — Retour à Grenoble. — Miracles (1616-1617-1618).

QUAND les troubles de la guerre furent apaisés, le saint évêque se mit à travailler aux constitutions de ses très chères filles de la Visitation de Sainte-Marie, sur les vives instances de l'archevêque de Lyon, et en vue de supplier enfin le Souverain Pontife d'ériger sa congrégation en ordre religieux. Il implora donc les lumières du Saint-Esprit, et, après avoir lu et médité les constitutions de divers ordres, il se mit ardemment à l'œuvre. Il voulut rendre la vie religieuse accessible même aux personnes d'une santé délicate, jeunes ou vieilles, filles ou veuves, pourvu qu'elles ne fussent point atteintes de maladies contagieuses ou repoussantes, ou d'infirmités qui les rendissent incapables d'observer la règle, et que d'ailleurs elles eussent l'esprit droit et sain et fussent bien disposées à vivre en une profonde humilité, obéissance, simplicité, mansuétude et abnégation. Aussi n'imposait-il aucunes macérations corporelles, et n'ajoutait-il qu'un petit nombre de jeûnes à ceux que prescrit l'Église. Qu'il nous suffise de dire au sujet de ces constitutions, sans en donner le détail, qu'il est impossible de régler un institut religieux plus saintement, plus prudemment, plus droitement, ni plus doucement. Tel a été le jugement qu'en ont porté les plus expérimentés personnages et les plus sages supérieurs de presque tous les ordres qui fleurissent en la sainte Église de Dieu : de sorte que, toutes choses bien considérées, ils ont estimé et prononcé que l'on ne ferait point de tort à personne, si, ayant égard à ce saint institut, on tenait le bienheureux

François pour la plus forte tête qui fût en son siècle. Enfin, grâce à la sagesse incomparable de ses statuts et à sa dépendance de l'Ordinaire dans chaque diocèse, l'ordre de la Visitation, on peut le croire, ne décherra jamais tout à fait de l'observance régulière, mais il portera toujours d'heureux fruits en la maison du Seigneur, comme un arbre planté sur le cours des eaux.

Sur ces entrefaites, voilà arriver le temps de l'avent que François devait prêcher à Grenoble, devant le très célèbre parlement de Dauphiné. Il se rendit donc en cette ville, et il y prêcha à son accoutumée, c'est-à-dire, très doctement et très dévotement, et non pas seulement l'avent, mais encore le carême de l'année suivante, 1617. Le mercredi des Cendres il débuta ainsi : « Me voici en la chaire de vérité, et je n'y suis que pour dire la vérité entièrement : rien au monde ne m'empêchera de vous l'annoncer comme je la connais. Que si je ne la voulais pas dire, je prie Dieu que ma langue s'arrête à mon gosier, qu'elle se dessèche et s'attache à mon palais, et que je devienne muet. » Il prononça ces paroles avec tant de force et de dévotion qu'il émut grandement ses auditeurs ; c'est qu'il devait traiter principalement des matières controverses, d'autant qu'en ces temps-là les hérétiques étaient presque aussi nombreux à Grenoble que les catholiques.

Le premier qui revint au bercail de l'Église romaine par son moyen, ce fut Claude Boucard, de Verdun, qui fit abjuration publique et solennelle, non sans tirer les larmes des yeux du saint évêque et de tous ceux qui étaient présents. Il reçut l'absolution de la main du bienheureux prélat ; tous les assistants rendirent gloire à Dieu, qui opérait de telles merveilles par son serviteur, et s'employèrent très efficacement pour faire que plusieurs hérétiques vinssent chercher auprès de lui la solution de leurs difficultés et le courage de la conversion.

On ne pouvait se lasser d'admirer comment cet homme apostolique pouvait suffire à prêcher tous les jours, à entendre les confessions, à recevoir les visites, et à vaquer aux disputes sur les points de controverse ; et, outre cela, il allait fort souvent à deux monastères de religieuses, pour traiter avec elles de leur réformation. En ville, sa réputation était si grande que plusieurs recueillaient par écrit toutes ses prédications avec un soin nonpareil et sans jamais plaindre leur peine. Tous les jours tombaient de la bouche de François de nouveaux trésors de doctrine et de piété. Un dimanche, en sortant du sermon, un chanoine de la cathédrale, grandement renommé pour sa science, se mit à crier tout haut comme hors de lui : « Quel homme est celui-ci, qui traite si bien de la théologie qu'il fait entendre et comprendre les choses les plus difficiles et les plus hautes aux ignorants et aux simples ! » Il avait, en effet, une merveilleuse facilité à expliquer, par des similitudes et des paraboles, les points de doctrine les plus ardus. Aussi était-il en grande réputation de science théologique, et tout particulièrement auprès des docteurs de Sorbonne ; un d'entre eux avait coutume de tenir ce propos : « Ce n'est point merveille, si tout ce que nous enseignons ne sert de rien : car nous disons bien souvent ce que nous n'entendons pas, et nous prêchons sans dévotion : mais l'évêque de Genève dit et entend, enseigne et fait. »

Ce fut alors que François de Bonne, duc des Diguières, gouverneur du Dauphiné et hérétique de la secte de Calvin, fut touché du désir d'entretenir un si saint et si docte personnage. Il eut avec lui plusieurs entrevues, d'où il remporta toujours une plus grande estime de ses lumières et de sa vertu. Il fut presque aussitôt ébranlé en l'hérésie, et il ne tarda pas beaucoup à l'abjurer. Un ministre fort célèbre, qu'on appelait Barbier, en fit de même, et écrivit depuis de très bons livres contre la peste de Calvin. Deux gentilshommes de qualité renoncèrent aux vanités du monde, après avoir ouï une prédication du saint homme, en laquelle il avait montré que l'homme était le plus misérable de tous les animaux, lorsqu'il ne se tenait pas simplement attaché à Dieu, commentant et inculquant ce beau passage de l'Ecclésiaste : « Vanité des vanités, et tout est vanité ! »

Vers ce temps-là, le serviteur de Dieu fut en relations de lettres avec le cardinal Bellarmin. Ces deux grands personnages étaient faits pour se comprendre et s'admirer mutuellement. Ils ne tarissaient point d'éloges l'un à l'égard de l'autre; et le grand cardinal allait jusqu'à dire du bienheureux François, qu'il semblait qu'Adam n'eût point péché en lui.

Le carême terminé, après avoir fait à Grenoble presque autant de miracles que d'actions, le serviteur de Dieu retourna en sa chère ville d'Annecy, dès le troisième jour après Pâques; et comme on s'étonnait qu'il fût revenu de si bonne heure : « Voyez-vous, dit-il, je suis comme une statue : quand elle est hors de sa niche, elle ne fait qu'embarrasser. » Par quoi il signifiait qu'il aimait la ville d'Annecy comme sa propre niche et le lieu de son repos ; et, de vrai, il tenait si bon à sa chambre, et témoigna d'agréer tant le séjour de cette petite cité, qu'il a toujours refusé très constamment de monter à de plus riches évêchés.

Quelque temps après son retour, il apprit la triste nouvelle de la mort de son très cher frère le baron de Sales et de Thorens. Sur le coup il gémit et fondit en larmes ; mais aussitôt, joignant les mains et levant les yeux au ciel, il prononça ces paroles entrecoupées de soupirs: « Eh bien ! soit! ô Père éternel, puisque cela vous a semblé bon! Je me suis tû et n'ai pas ouvert la bouche pour me plaindre, parce que c'est vous qui avez fait cela. Le nom du Seigneur soit éternellement béni ! J'adore les secrets de la divine providence, de laquelle les jugements sont incompréhensibles et les voies impénétrables. » Après s'être ainsi réconforté lui-même, il s'en alla au monastère de la Visitation porter la triste nouvelle à la mère de Chantal et à sa fille, Marie-Aimée de Rabutin, femme du défunt baron, et leur prodiguer les consolations dont toutes deux avaient besoin dans une perte si sensible et si imprévue. La première émotion passée, leur résignation ne se démentit pas. Et par après, François en écrivit ainsi à sa sœur Gasparde de Sales, dame de Cornillon et de Meyrens : « O Dieu, ma pauvre très chère sœur, que j'ai de peine pour le déplaisir que votre cœur souffrira sur le trépas de ce pauvre frère, qui nous était à tous si cher ! Mais il n'y a remède : il faut conformer nos volontés à celle de Dieu, qui, à bien considérer toutes choses, a grandement favorisé ce pauvre défunt, de l'avoir ôté d'un siècle et d'une vocation où il y a tant de dangers de se damner. Pour moi, j'ai pleuré plus d'une fois en cette occasion ; car j'aimais tendrement ce frère, et je n'ai pu me défendre des ressentiments de douleur que la nature m'a causés. Mais je suis maintenant tout consolé, ayant su comme il est trépassé dévotement entre les bras de nos Pères Barnabites, après avoir fait sa confession générale, et avoir reçu la communion et l'extrême-onction fort pieusement. Que lui peut-on désirer de mieux selon l'âme ? Et selon le corps, il a été assisté de sorte que rien ne lui a manqué... Dieu donc soit à jamais béni pour le soin qu'il a eu de recueillir cette âme entre ses élus ! car, en somme, que devons-nous prétendre autre chose ? Il ne se peut dire combien sa pauvre petite veuve a témoigné de vertu en cette occasion… Jamais homme ne fut plus généralement regretté que celui-ci. Or sus, ma très chère sœur, consolons nos cœurs le mieux que nous pourrons, et tenons pour bon tout ce qu'il a plu à Dieu de faire. »

Or ce frère, qu'il aimait tant, fut enseveli dans l'église des Barnabites de Turin ; et sur son tombeau se lit une épitaphe en langue latine, dont le sens est tel : « Regarde, mortel, la vicissitude, catastrophe et tromperie des choses humaines. Bernard, baron de Sales et de Thorens, frère de François de Sales, évêque et prince de Genève, Savoisien, très vaillant colonel de douze cents hommes, en la fleur de son âge, dans l'espérance de très grands honneurs, après avoir déjà donné aux sérénissimes princes de Savoie et à ses amis une haute idée de son incroyable vertu guerrière, de son industrie et de ses victoires, pendant qu'il conduit son régiment à l'armée de son duc fidèlement et fortement, se voit saisi d'une violente, malheureuse et mortelle maladie ; au sentiment de laquelle après avoir reçu très religieusement les saints sacrements, ne voulant pas être séparé, même en la mort, des clercs réguliers de Saint-Paul, qu'il a souverainement aimés en sa vie, ayant élu son sépulcre en cette église, et nous laissant un très grand regret de lui, il s'est envolé aux armées du ciel. Il a vécu 34 ans, est mort l'an 1617, le 23 du mois de mai. »

En ces temps-là, le bienheureux François fit beaucoup de miracles. Un prêtre de Rumilly, Jean-Claude de la Chenal, avait été pris d'une folie si furieuse qu'il était presque impossible de le maîtriser. Deux fois il avait brisé ses chaînes et s'était échappé, courant de çà et de là par les champs, les bois et les montagnes. Il rompit ses fers une troisième fois, et s'en vint à Annecy ; tout le monde fuyait sur son passage, craignant sa rage et sa violence. Le saint évêque le fit saisir, garrotter et enfermer dans les prisons de l'évêché. Là, il grinçait et rugissait horriblement comme une bête farouche, et il se fût déchiré lui-même, s'il n'eût été enchaîné. Après quelques jours, environ les fêtes de la Pentecôte, le prélat, revenant de célébrer la messe, s'approcha de la fenêtre de la prison, et appela le malheureux par son nom et l'interrogea comment il se portait. Mais lui ne répondant rien, il passa la main à travers les barreaux de la fenêtre, et, en le caressant, lui toucha la joue, lui prit les cheveux qui lui pendaient sur le front, et lui dit : « N'est-il pas déplorable qu'un prêtre, comme vous êtes, donne le spectacle de la démence et de la folie ? Or sus, remerciez Dieu : car, par sa grâce, vous êtes guéri. » A la même heure il commanda à ses serviteurs de lui ouvrir les portes de la prison ; et comme l'un d'eux lui représentait qu'il y avait peut-être du danger à lui donner la liberté si tôt: « Nullement, dit-il ; ouvrez-lui seulement la porte : il sera désormais sage ; croyez-m'en et n'en doutez point. » La porte étant donc ouverte, le pauvre prêtre sortit ; et la première chose qu'il fit, ce fut de se jeter à deux genoux aux pieds de son saint évêque, rendant grâces à Dieu et à lui, qui le conduisit adouci comme un agneau, et le mena dîner à sa table. Il n'est pas besoin de dire si toute la ville fut étonnée par cet évident miracle, non plus que toute la famille du pauvre insensé. Et jamais depuis cet homme-là ne s'est ressenti de cette misère, mais il s'est toujours bien porté, et a souvent raconté lui-même le changement qui s'était fait en sa personne, à la parole et au contact du serviteur de Dieu.

Vers le même temps, le saint évêque délivra une dame venue d'Auvergne, de la vexation des diables qui la tourmentaient étrangement. Il guérit une autre femme, de Thone, que lui amena son mari Étienne Friand, et qui, depuis trois semaines, ne pouvait ni boire, ni manger, ni dormir, et en outre était furieuse et insensée.

Mais la guérison qu'il fit d'un paralytique fut encore plus célèbre et plus solennelle. Un jour, sur les neuf heures du matin, il récitait à genoux devant l'autel de sa chapelle les prières de la préparation pour la messe, quand voici des gens, venus des quartiers de la Maurienne, qui mettent à bas de cheval un jeune homme tout contrefait, ayant les nerfs retirés, et entièrement impuissant et perclus de naissance ; ils l'introduisent dans la cour du palais épiscopal, et, ayant étendu un peu de foin en un coin sur la terre, ils le reposent dessus. Monseigneur, averti, leva les épaules par commisération et dit : « Hélas ! ces bonnes gens pensent peut-être que je fais des miracles ; et tout ce que je puis pour eux, c'est de prier Dieu. » Cependant il fit apporter près de lui le pauvre paralytique, entendit sa confession et monta à l'autel. Après la messe, il dit à ceux qui l'avaient amené : « Rapportez-moi demain à même heure cet enfant; » et se tournant du côté du misérable : « Et vous, lui dit-il, mon enfant, tenez-vous prêt pour recevoir la sainte communion ; car je célébrerai derechef et prierai Dieu pour vous. » Ils obéirent ponctuellement, et, après la troisième messe, le paralytique, relevé par le saint homme, se tint debout sur ses pieds ferme et solide, chemina librement par la salle à la vue de plusieurs personnes de qualité, et s'en retourna dans son pays à cheval, jambe de çà jambe de là (comme l'on a coutume de dire), n'étant plus nullement incommodé d'une infirmité que les plus habiles médecins réputaient incurable.

Il se traitait pour lors, à Rome, de la béatification du révérendissime Père Juvénal Ancina, évêque de Saluces, et l'on désira avoir le témoignage du bienheureux François, parce qu'un saint ne peut que bien témoigner d'un autre saint. De fait, la grande estime qu'il avait pour ce serviteur de Dieu, et le jugement qu'il en porta, furent d'un poids considérable auprès des cardinaux chargés de l'instruction de la cause.

Sur la fin de l'automne, il fut derechef invité et prié par le parlement de Grenoble, de venir encore prêcher en cette ville l'avent et le carême. Il accepta avec l'agrément du sérénissime duc de Savoie, et, malgré les complots et la rage des ministres, il fit merveille, à son ordinaire, et continua de rapporter une très ample moisson dans les greniers de l'Église.

Entre l'avent et le carême, étant rentré à Annecy, dans le courant du mois de janvier 1618, il reçut des lettres de filiation et de participation à toutes les bonnes œuvres de l'ordre des Pères Capucins, comme il en avait déjà reçu auparavant des Chartreux, des Barnabites et autres. Au même temps il fut affligé d'une grande tristesse à cause de la maladie de son vertueux confesseur, Philippe de Coëx de Talloires, chanoine et grand pénitencier en l'église cathédrale. Ce très dévot évêque pria Dieu chaudement pour ce très dévot prêtre ; mais il connut en sa prière qu'il n'y avait point de remède, et que le cher homme mourrait le jour même. Il en avertit le frère du malade et son propre frère Louis de Sales. Le chanoine, réconforté par la visite et les bonnes paroles de son illustre pénitent, fit, après le départ du prélat, approcher son frère de son chevet, et, le voyant pleurer amèrement, lui dit : « Essuyez vos larmes, mon frère, et ne vous affligez point de ma mort : Monseigneur m'a promis qu'il aurait soin de vous. Mais gardez-vous de rien faire ni entreprendre sans son conseil ! Et voici ce que je vous dis en me séparant de vous ; car je ne dois pas emporter en l'autre monde une chose de si grande importance : Monseigneur le Révérendissime est un grand saint ; tenez-le comme un saint Jean-Baptiste quant à la virginité, et comme un saint Charles Borromée quant à l'humilité et à la pauvreté d'esprit. » Ces paroles d'un personnage si dévot et qui était sur le point de quitter le monde pour aller au ciel, sont d'une haute importance et fort dignes de considération. A la nuit, le malade commença à défaillir. On envoya soudain au bienheureux évêque, selon qu'il avait recommandé aux serviteurs de l'appeler quand ils verraient leur maître proche de la mort. Ce bon prélat interrompit son souper, et s'en vint à son cher confesseur, qu'il trouva aux abois ; et de prime abord il lui dit : « Courage, mon frère : nous mourrons, mais nous mourrons bien ; l'éternité est proche, et vous verrez bientôt le Seigneur notre Dieu en la terre des vivants. » Or pendant qu'il parlait ainsi, le malade levait les yeux vers le ciel, où il avait placé son espérance. Quand il perdit la parole et entra en agonie, le saint évêque fit agenouiller tous les assistants, recommanda son âme à la divine Majesté, lui donna sa bénédiction au moment où il expirait, lui ferma les yeux et pleura sur lui. Et parce qu'il l'avait toujours tenu pour un fidèle serviteur de Dieu, et qu'il espérait bien de son salut éternel, il voulut avoir son chapelet et sa ceinture comme souvenirs, ou, en quelque sorte, comme reliques. Il ne se peut assez dire combien ce révérend chanoine fut regretté d'un chacun : car il n'y avait personne qui ne l'aimât à cause de sa vertu et de sa piété. Après cela, les belles paroles qu'il avait prononcées en mourant à la louange du bienheureux François furent aussitôt partout divulguées ; mais lui, par son humilité, tâchait de détourner l'opinion que l'on avait conçue de sa sainteté.

Presque en même temps il y avait un malade bien différent de celui-là : c'était un malheureux qui, pour la multitude de ses péchés, désespérait d'obtenir le salut éternel ; plusieurs confesseurs avaient longtemps travaillé en vain pour le ramener à l'espérance. Le bienheureux François n'oublia rien en son endroit, et il parvint si bien à lui inspirer confiance en la bonté et miséricorde de Dieu, qu'enfin ce pauvre homme releva son courage, et, après une confession sacramentelle accompagnée d'une grande contrition, il mourut très chrétiennement et très paisiblement.

Au retour de son carême de Grenoble, le saint évêque continua dans son diocèse de multiplier les œuvres de zèle et de miséricorde, tandis que Dieu multipliait les prodiges par les mains de son serviteur. C'est ainsi qu'en un jour d'été, se trouvant pressé de la soif ainsi que tous ses serviteurs qui n'en pouvaient mais, et l'hôte n'ayant à leur offrir qu'un vin tourné et corrompu, et les détournant même d'en boire de peur qu'ils n'en fussent malades, le grand prélat s'en fit apporter quand même, et, après en avoir goûté, rendant le verre à l'hôte : « Tenez, dit-il, voilà de très bon vin, et ne doutez point d'en donner à nos gens. » Si jamais personne fut étonné, ce fut notre homme, qui but dans le même verre après son bienheureux évêque, et trouva que c'était un vin très bon et très généreux. Il en donna aussitôt aux serviteurs autant qu'ils en voulurent ; et, après leur départ, il mit en vente ce vin dont il avait désespéré de pouvoir jamais se défaire, et le débita tout en deux jours à seize sols (¹) le pot, tant chacun le trouvait excellent.

Il arriva une chose plus merveilleuse encore pendant le séjour que fit le bienheureux François en l'abbaye de Sixt, pour y mettre la dernière main à la réformation des religieux. Il y demeura quatre jours, et, durant ce temps-là, la communauté donna deux cent quarante repas à différentes personnes venues des environs pour le voir ; et néanmoins la provision du pain et du vin ne subit pas une plus grande diminution que si le monastère n'eût point hébergé d'étrangers ; au contraire, il en resta plus qu'il n'en fût resté en temps ordinaire. Les chanoines réguliers, témoins oculaires du fait, y virent un miracle et l'attribuèrent aux prières du saint prélat, lequel était marri qu'ils fissent une si grande dépense à son occasion, et avait dit qu'il prierait Dieu de leur en tenir bon compte et de les dédommager.

---

1. Huit sous, ou quarante centimes le litre, prix élevé pour le temps. *(Note des éditeurs.)*

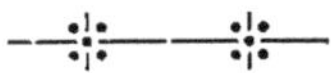

CHAPITRE DEUXIÈME.

François à Paris. — Conversions. — Il est nommé grand aumônier de la princesse de Piémont. — Maladie. - Il refuse l'archevêché de Paris (1618-1619).

IL était impossible que l'homme de Dieu, donné du ciel
à la terre pour y exercer le ministère apostolique, demeurât en repos. Les marguilliers de l'église paroissiale de
Saint-André de Paris l'avaient prié, dès l'année précédente,
de vouloir honorer leur chaire de ses prédications pour le
temps de l'avent et du carême, et il avait accepté. Il partit
donc pour cette grande ville au commencement de l'hiver, et
il y vint non seulement comme prédicateur, mais encore
comme ambassadeur. Voici à quelle occasion. Le sérénissime
prince Maurice, cardinal de Savoie, s'en allait à Sa Majesté
le roi très chrétien pour négocier le mariage de son frère
Victor-Amédée, prince de Piémont, avec Christine de France,
fille du roi Henri le Grand et sœur de Louis le Juste. François
reçut commandement de Son Altesse le duc de Savoie d'accompagner en France le cardinal paranymphe. A peine arrivé
et installé à l'hôtel d'Ancre, il monta en la chaire de l'église
de Saint-André, et prêcha avec applaudissement devant une
grande foule de peuple accourue de tous côtés, et où se con-
fondaient des cardinaux, des évêques, des princes du sang,
des chevaliers de l'Ordre, des conseillers et autres seigneurs
de marque. Quand il marchait par les rues, chacun tâchait de
l'approcher et de le toucher, d'autant qu'une vertu ravissante
sortait de sa personne. Il fut reçu à la cour avec de merveilleux honneurs, ainsi que les deux autres ambassadeurs de
la suite du cardinal Maurice. Mais l'opinion commune lui
attribua la meilleure part dans la conclusion de cette alliance,
par laquelle la Savoie, comme il disait souvent depuis, a été
enrichie de la plus précieuse perle de l'Europe. Il n'y avait
personne qui ne demeurât étonné de voir un prélat unir une
si grande piété à une si grande dextérité, industrie et sagesse
pour traiter des affaires du siècle les plus importantes. Le sieur
Vincent (¹), docteur de Sorbonne et fondateur des prêtres de
la Mission et des filles de la Charité, disait : que, quand il

_____

1. Saint Vincent de Paul. (Note des Éditeurs).

voulait se représenter le Fils de Dieu conversant avec les hommes, il ne trouvait point d'autre image que le saint évêque de Genève, en le considérant avec sa mansuétude, douceur, prudence, humilité, et en un mot avec toutes les vertus ; et il disait cela en l'entendant prêcher et continuer merveilleusement son carême, lorsque cet homme apostolique

Portrait de saint Vincent de Paul, d'après la gravure d'Edelinck, XVIIᵉ siècle.

continuait aussi de ramener un grand nombre d'hérétiques au bercail de JÉSUS-CHRIST et de sa sainte épouse l'Église romaine.

Entre autres conversions, celle d'un seigneur très noble, gouverneur de la Fère en Picardie, pour lors malade à Paris, fut grandement illustre et solennelle. C'était un hérétique

très obstiné, d'ailleurs fort bon capitaine. Quatre gentilshommes de ses amis, mais catholiques, craignant que, s'il
mourait en cet état, son âme ne s'en allât à tous les diables,
lui firent l'éloge du bienheureux François, et obtinrent enfin
qu'il consentit à le recevoir. Celui-ci vint aussitôt. Quand le
malade le vit entrer, il lui cria brusquement : « Holà ! Monsieur, que venez-vous faire ici ? Vous pensez me convertir à
votre religion ? Si vous le faites, vous ferez un plus grand
miracle que jamais saint Pierre ne fit ! » Le serviteur de Dieu,
sans s'émouvoir, lui répondit en souriant : « Monsieur, vous
ne savez pas ce que Dieu vous garde ; » et il commença de
s'entretenir avec lui fort longuement. Le malade, ayant prêté
l'oreille à tous ses discours, lui dit : « Monsieur, voilà qui va
bien, et je ne suis pas capable ni en état de vous répondre
sur toutes ces choses ; mais donnez-moi huit jours pour conférer avec Monsieur du Moulin, afin que vous vous assembliez,
s'il vous plait, et que toute cette cause soit disputée devant
moi. L'homme apostolique agréa fort cette conférence. Pierre
du Moulin, ministre de Charenton, n'en fit pas de même ; et
le gouverneur eut beau le prier, le provoquer et le conjurer
par trois et quatre fois, il ne put le décider à entrer en lice
avec un pareil jouteur. Au bout des huit jours, le saint
évêque, fidèle au rendez-vous, demanda Monsieur du Moulin.
Sur cela, le malade se mit à se plaindre fortement et aigrement des ministres, de ce qu'ils l'avaient ainsi trompé et
déçu depuis cinquante ans. Il ajouta que, puisque du Moulin
ne voulait pas disputer, c'est qu'il ne trouvait pas sa cause
bonne ; et enfin demanda à être instruit de la religion catholique, décidé à abjurer celle de Calvin. Le bienheureux
François, joignant les mains et levant les yeux au ciel, adora
brièvement l'éternelle providence de la divine Majesté, enseigna le catéchisme à son malade, et, après avoir conféré la
santé à son âme, la conféra encore à son corps, au grand
dépit et à la confusion de du Moulin et des autres ministres.
Et ce gouverneur, après lui avoir fait mille remerciements,
étant de retour en son pays, non seulement persévéra très
constamment en la foi catholique, mais aussi convertit toute
sa famille, qui était fort ample.

Cette conversion accrut la renommée du merveilleux
prélat ; mais en voici une autre qui ne fit pas moins de bruit.
Il avait été prié par la dame de Montigny de parler à un
gentilhomme son parent ou allié, qui faisait profession de

l'hérésie depuis plusieurs années. Il y consentit volontiers, et demeura au salon de cette dame avec une bonne compagnie, en attendant l'occasion favorable. Elle ne tarda point à se présenter ; et le gentilhomme, sollicité de proposer ses doutes et difficultés touchant notre foi : « Prouvez-moi tant seulement l'existence du purgatoire, dit-il, et tout soudain je me ferai catholique. » Le bienheureux François accepta ; et il argumenta si fortement et si heureusement que, après une longue dispute, l'hérétique s'avoua convaincu, ne différa point d'abjurer l'erreur, et se retira tout comblé de consolations.

Tout le monde à Paris fut ravi d'admiration des fruits que ce serviteur de Dieu fit pendant ce carême, soit en prêchant au peuple, soit en entendant les confessions, soit par ses entretiens particuliers et discours familiers. Même par sa façon et sainte majesté, qui ressentait entièrement son homme du ciel, il engendrait l'amour de la vertu en ceux qui le considéraient. Pour reconnaître en quelque manière le bien qu'il avait fait dans la paroisse, les procureurs de l'église de Saint-André lui offrirent un service de précieuse vaisselle d'argent, lequel toutefois il refusa, comme il avait déjà fait à Dijon et à Grenoble.

Après le carême, il ne fut pas déchargé des prédications : au contraire, il prêchait bien souvent deux, trois et quatre fois le jour, tantôt ici, tantôt là ; on a même calculé qu'il fit à Paris autant de prédications qu'il y a de jours dans l'an. Il allait fort souvent aux monastères des religieuses, ou pour les confirmer en l'observance de la discipline régulière, ou pour les y ramener, quand par malheur elles en étaient déchues. Il était en si grande réputation de sainteté, qu'en certaines maisons l'on conservait comme reliques les objets dont il s'était servi. Plusieurs donnaient aussi des mouchoirs et des linges à ses serviteurs, pour qu'il les portât sur lui quelque temps ; après cela, ils les gardaient respectueusement en souvenir de lui : et il est certain que l'imposition ou l'application de ces linges rendit la santé à plusieurs malades.

Mais déjà la sérénissime princesse Christine de France, qui avait épousé le sérénissime prince de Piémont Victor-Amédée au mois de février, pensait à se retirer en Savoie, et pour cet effet commença de composer sa maison. Or, tout premièrement, elle choisit le bienheureux François, évêque de Genève, pour son grand aumônier ; cet homme, véritablement homme de Dieu et détaché des biens de ce monde, se contentant de l'honneur de cette charge, ne voulut rien de plus, et n'accepta point la pension attachée à cet emploi. Toutefois la princesse lui fit présent d'un très précieux diamant, estimé cinq cents écus ; en le recevant, il fit connaître à quel usage il le destinait : « Voilà, dit-il, qui sera fort bon pour nos pauvres d'Annecy. »

Ce grand prélat était perpétuellement occupé de bonnes œuvres, et dans l'exercice de la charité pour le salut des âmes et la plus grande gloire de Dieu. Tous ceux qui faisaient profession de piété venaient à lui comme à un oracle ; les évêques le respectaient comme leur père, et lui déféraient en tous lieux et en toutes occasions. Les théologiens le consultaient, pour avoir de lui la résolution de leurs difficultés. Enfin à la suite de tant et de si grands travaux, il tomba en une griève maladie, qui le força à garder le lit l'espace de plusieurs jours, mais durant laquelle il put reconnaître, par les divers présents qui lui furent envoyés et par les diverses visites qu'il reçut, combien il était aimé et honoré des cardinaux, des évêques, des princes, des conseillers, des courtisans et de tous les bons Parisiens.

Une fois remis sur pied, il ne s'épargna pas davantage, et recommença à travailler plus fortement que jamais, prêchant ici et là. Naturellement il ne manquait pas de visiter et soigner ses chères filles les Sœurs de la Visitation (lesquelles il avait introduites à Paris, non sans de grandes difficultés).

Sur ces entrefaites, l'abbaye de Sainte-Geneviève étant venue à vaquer, il ne voulut jamais consentir à la demander au roi, qui la lui aurait sûrement accordée ; à toutes les instances il répondait qu'il n'avait besoin de rien : or, on estimait le revenu annuel de cette abbaye à quatre mille écus. Bientôt après, son désintéressement et sa vertu éclatèrent dans une circonstance bien plus mémorable encore. Le cardinal de Retz, archevêque de Paris, vint le prier, voire le conjurer d'accepter la charge de sa coadjutorerie avec la future succession : en attendant laquelle, il lui assurait une bonne pension, et lui donnerait plein pouvoir d'administrer ce très étendu diocèse de Paris. « Et je ferai, disait-il, que l'évêché de Genève passe aux mains de monsieur votre frère, et je ne négligerai rien pour la réussite, tant vers Sa Majesté que vers Son Altesse de Savoie : voire je fournirai tout ce qu'il faudra pour les lettres apostoliques et les expéditions de Rome. Et je pense que tout cela reviendra à la plus grande gloire de Dieu ; car, Monsieur, vous ne pouvez pas ignorer combien vous êtes aimé de ce peuple, et combien d'utilité vous lui apporterez, comme vous faites déjà. Et en outre, Monsieur, je vous proteste que vous m'obligerez infiniment. » Le bienheureux François, ayant écouté le cardinal, le remercia de sa bienveillance, et lui exposa comme il était attaché à une autre église depuis déjà tant d'années ; qu'il n'était plus même assez fort pour soutenir le fardeau de l'évêché de Genève ; qu'il s'en allait penchant vers la vieillesse, et se voyait désormais sujet à beaucoup de maladies et d'incommodités. Enfin il refusa très humblement, et laissa le cardinal en admiration d'une si haute vertu.

Au reste, la cour lui était grandement à dégoût, après une année de séjour qu'il y fit. Il en écrivait ainsi à madame de Chantal : « O Dieu ! que c'est une chose bien plus désirable d'être pauvre en la maison de Dieu que d'habiter dans les palais des rois. Je fais ici le noviciat de la cour ; mais je n'y ferai jamais profession, Dieu aidant. La veille de Noël je prêchai devant la reine aux Capucins, où elle fit la communion ; mais je vous assure que je ne prêchai ni mieux, ni de meilleur cœur, devant tous ces princes et princesses, que je ne fais en notre pauvre petite Visitation d'Annecy. » On le voit, les fumées de la gloire ne l'enivraient pas plus que l'éclat des richesses ne l'éblouissait.

CHAPITRE TROISIÈME.

Retour de François. — Les ermites de Voiron. — Nouveaux miracles de François. — Ses voyages à l'abbaye de Sixt. (1619-1620.)

ENFIN François quitta Paris avec la sérénissime princesse de Piémont, et reçut des honneurs incomparables en passant à Bourges ; toutefois il ne l'accompagna pas jusqu'à Turin, mais il obtint d'elle de pouvoir se retirer en son diocèse, d'où il avait été absent plus d'une année.

Étant à Lyon, voilà qu'on lui vint dire qu'un gentilhomme étranger le priait de l'ouïr en confession. C'était en un moment où il était accablé d'occupations : il répondit que pour l'heure il était un peu empêché, mais que néanmoins il serait bientôt à lui. Ce seigneur insistait, le conjurant de lui assigner l'heure et le lieu, et ajoutant que le prélat répondrait de son âme au jour du jugement, s'il le renvoyait sans l'avoir entendu. Il désirait n'être vu ni connu de personne ; il voulait se confesser à l'auteur du livre de l'*Introduction à la vie dévote*, et était venu de cent vingt lieues loin pour le trouver quelque part qu'il fût. Les serviteurs de François craignaient quelque piège là-dessous. Mais lui, toujours intrépide, voyant une âme à sauver peut-être, donna rendez-vous à cet étrange visiteur au parloir du monastère de la Visitation. L'heure venue, le gentilhomme arrive, salue le saint évêque, le suit immédiatement au parloir, ferme tout aussitôt la porte aux verrous derrière lui, coupe le cordon de la sonnette pour n'être pas dérangé en l'action qu'il veut faire, prie l'homme de Dieu de s'asseoir, tombe à ses genoux et lui fait sa confession générale pendant quatre heures ; après quoi, l'ayant remercié, il sort, monte à cheval et disparaît sans qu'on en ait jamais entendu parler depuis.

Étant de retour à Annecy, au grand contentement de toute la ville et de tout le pays, il fit présent à son église cathédrale d'un très beau lampadaire et de six grands chandeliers d'argent, comme pour lui restituer les revenus de l'année qu'il avait passée hors de son diocèse. Il remit aussi, malgré ses officiers, à plusieurs de ses vassaux les dépens de certains procès, qu'il avait dû leur intenter pour la défense des droits de son évêché, dépens certes qui montaient à une bien grande somme d'argent ; mais le saint homme n'avait point eu d'autre prétention que de sauvegarder les légitimes intérêts de son église : cela fait, il ne tâcha que de se concilier même l'amitié de tous ces gens-là.

Toutefois, pendant qu'il multiplie ces beaux actes de charité en Savoie, la calomnie soulève contre lui à Paris une violente tempête. On l'accusait d'avoir négocié et conclu un certain mariage, qui n'agréait pas aux familles des parties ; tandis qu'il s'était borné à témoigner des mérites et bonnes qualités du jeune homme, et à recevoir la mutuelle promesse de s'épouser que les futurs s'étaient faite en particulier, et qu'ils avaient voulu renouveler devant lui et plusieurs autres personnes. Les accusateurs jetaient feu et flamme. Pour la révérence due à la vérité et à l'édification du prochain, il écrivit pour se justifier à celui qui se montrait le plus âpre dans ses reproches, le priant de « trouver bon qu'il soulageât son âme, en se plaignant à lui-même de ses plaintes, qui l'affligeaient et l'étonnaient » ; après quoi il se tint en repos, s'en remettant à Dieu pour la bonne ou la mauvaise renommée. « Je ne veux, disait-il, ni de vie ni de réputation qu'autant que Dieu voudra que j'en aie, et je n'en aurai jamais que trop pour mon mérite.» — «Que les vents de la tribulation, mandait-il à la mère de Chantal, soufflent ou s'apaisent, je m'abandonne à la providence du Très-Haut : la tempête ou le calme me sont indifférents. Aussi bien que gagne-t-on de s'opposer aux vagues, sinon de l'écume ? Ne soyez pas si tendre sur moi ; il faut accepter que l'on me censure : si je ne le mérite pas d'une façon, je le mérite de l'autre. Serai-je donc seul au monde exempt de traverses ? Demeurons en paix, et le Dieu de paix demeurera avec nous. Et n'y a-t-il pas beaucoup d'amour-propre à vouloir que tout le monde nous aime, et que tout nous tourne à gloire ? »

Voilà comme le bienheureux François endurait les opprobres, et voilà comment il imitait Notre-Seigneur JÉSUS-CHRIST. Ces épreuves ne lui faisaient aucunement négliger le soin de repaître son cher troupeau d'Annecy du miel de la parole sainte.

Vers ce temps était venu dans la contrée Antoine Rigaud, du diocèse de Fréjus, désireux de passer le reste de ses jours en quelque désert. C'était un homme qui avait beaucoup voyagé, et qui en sa jeunesse avait été capitaine sous le comte de Fuëntes, gouverneur de Milan, et ensuite son secrétaire. Rompu aux affaires et merveilleusement docte, il parlait presque toutes les langues, mais surtout et par excellence la latine, la française, l'italienne, l'espagnole et l'allemande. Ayant appris par combien de merveilles la très glorieuse Vierge Mère de Dieu manifestait son pouvoir sur la montagne de Voiron en Savoie, et combien ce lieu était propre et commode pour la vie solitaire, il fut touché du désir d'y venir fixer sa demeure. Il en demanda humblement la permission au bienheureux François, qui la lui accorda volontiers. D'autres ermites avaient déjà habité cette montagne, mais sans avoir de constitutions propres, ni d'autre règle que la fantaisie ou le caprice ; l'apostolique prélat voulut faire cesser cet état de choses, et réunir ces ermites en une petite congrégation et sous une discipline commune, afin que la dévotion du peuple envers la très auguste Emperière du monde fût excitée par le spectacle de leur vie exemplaire. Donc, après mûre réflexion, il commença de penser sérieusement à cet institut.

Voiron est une très haute montagne, qui sépare le Chablais du Faucigny ; elle est si avantageusement située, que de tous ses côtés la vue s'étend sur des paysages fort pittoresques et ravissants, où s'entremêlent, avec un charme infini, villages, temples, châteaux, fleuves, lacs ou étangs, forêts, prés, vignes, chemins, collines verdoyantes, pics dénudés ou couverts de neiges éternelles. Les peuples appellent cette montagne la *sainte* et la *belle*. Sa base est couverte de riches vignobles ; au-dessus s'élèvent de magnifiques plants de châtaigniers ; vers le milieu règnent de vastes pâturages qui nourrissent l'été de nombreux troupeaux ; enfin, le sommet est agréablement couronné de fouteaux énormes, et de vieux et gigantesques sapins.

C'est une ancienne tradition, conservée dans le pays, que sur la croupe de cette montagne les païens adoraient autrefois une idole, par laquelle le démon rendait des oracles. La statue fut renversée lors de la conversion des Allobroges au christianisme ; et plus tard, à sa place, un seigneur fit élever une chapelle avec une statue de Notre-Dame tenant entre ses bras son divin enfant : cela, pour s'acquitter d'un vœu à la Reine du ciel, qui l'avait sauvé, comme par miracle, de la fureur et des dents d'un monstrueux et mystérieux sanglier, terreur de tout le voisinage. Ce seigneur voulut faire davantage : étant las du monde, et connaissant par expérience que tout est vanité sinon Dieu, il résolut de se retirer des affaires séculières, afin de penser et de se préparer à la mort avec plus de loisir. Il bâtit tout joignant sa chapelle un petit ermitage pour lui et pour un compagnon, se réservant de tous ses revenus tant seulement ce qui était nécessaire pour la vie qu'il entreprenait ; établit une bonne fondation, fit de grandes aumônes, se prescrivit une rigoureuse manière de vivre qu'il soumit à l'approbation de son évêque ; et ainsi, ayant dit un solennel adieu au monde, passa le reste de ses jours en oraisons, méditations, jeûnes, afflictions d'esprit et macérations de corps, répandant l'odeur d'une solide vertu sur tout le voisinage, et laissant après sa mort une très suave mémoire de sa sainte vie. Son exemple en attira plusieurs, qui se joignirent à son compagnon et suivirent son institut. Et ce fut alors que le saint ermitage commença d'être fréquenté d'un grand nombre de peuples, qui venaient de loin, tant pour remercier Dieu des faveurs qu'ils avaient obtenues par les intercessions de la glorieuse Vierge, que pour apprendre le chemin du ciel de la bouche des saints ermites.

Après le seigneur de Langin (c'était le nom du fondateur), l'histoire de l'ermitage est tout environnée de ténèbres. Cela tient pour beaucoup à ce que les Bernois hérétiques, s'en étant emparés par les armes, le détruisirent entièrement avec la chapelle, et tous les parchemins et manuscrits. Toutefois la statue de Notre-Dame fut miraculeusement conservée. Un Chablaisien, nommé Jean Burgnard, du village de Brens, ayant non seulement embrassé l'hérésie des Bernois, mais s'étant joint à eux pour les conduire à l'ermitage, se porta d'abord vers l'autel pour en enlever la statue ; comme il fit : et, l'ayant attachée à une grosse corde, il la traînait après lui en descendant, avec toute sorte d'ignominies et de blasphèmes : « Çà ! viens après moi, disait-il par moquerie. Si tu as tant de pouvoir qu'on le dit, montre-le maintenant ; pourquoi te laisses-tu ainsi traîner ? que ne te défends-tu ? » Et voilà que, pendant qu'il vomit de tels outrages, la statue s'arrête et demeure immobile, inébranlable, quoique ce fût sur un terrain égal. Le misérable tourna la tête en arrière pour voir ce qui empêchait ; mais, par un double miracle, sa tête resta fixée dans la position qu'elle avait prise ; il ne put jamais la remettre droite, et en même temps il fut perclus et estropié d'un bras et d'une épaule. Il dut laisser la statue en ce même lieu, et descendit avec peine, portant sur soi, tout le reste de sa vie, la punition de son impiété et l'évident témoignage du souverain pouvoir de la Reine du ciel ; et, n'ayant jamais voulu abjurer son erreur, il mourut en furieux et en désespéré. Du reste, ceux qui prirent part à la démolition et à la profanation du saint ermitage, périrent tous d'une façon tragique et misérable.

La grande cloche, que l'on pouvait entendre de Genève et de Lausanne, échappa également à la rage de destruction des Bernois, par une miraculeuse intervention du ciel. Quant à la statue, elle fut trouvée, quelque temps après, par un bon prêtre inspiré de Dieu, nommé François Monod, de l'ordre des Ermites de Saint-Augustin, de ceux qui avaient été chassés de Thonon. Il conçut un violent désir d'aller finir ses jours dans les bois de la montagne de Voiron. En ayant obtenu la permission de l'évêque, et le seigneur de Boëge lui ayant concédé un petit terrain près des ruines de la chapelle, il bâtit une petite cellule moitié pierre moitié bois, releva les murs de la chapelle et y rapporta la statue miraculeuse de la Vierge, qui se conservait dans l'église de Boëge. Dès lors, la dévotion recommença avec une si grande fcrveur que les hérétiques, en étant indignés, tâchèrent par tous les moyens d'empêcher les saints exercices que le peuple du Faucigny y faisait. Mais ils ne purent y réussir. Les paysans du voisinage s'y rendaient en armes, surtout le jour de la Visitation, et, par leur vigilance et leur attitude déterminée, assuraient aux catholiques la consolation d'entendre tranquillement les messes et autres offices divins, qui se célébraient en l'oratoire.

Après la mort du père Monod, l'ermitage fut habité par deux serviteurs de Dieu, Jean du Vernay, prêtre, et Jean Grillet, qui furent en butte à de rudes épreuves de la part du malin esprit, et auxquels vint se joindre Antoine Rigaud. Celui-ci résolut d'employer les ressources qu'il avait apportées à la restauration de l'ermitage, et, de concert avec ses deux compagnons, il supplia le bienheureux François de leur donner des constitutions, afin qu'ils pussent mener une vie plus méritante et plus agréable à Dieu dans la solitude. Le saint évêque leur en octroya de fort sages et de bien appropriées au mode d'existence des pieux anachorètes; il y réglait le costume à porter, les jeûnes et autres pénitences à faire, la solitude et le silence à garder, le temps à donner à l'oraison mentale, l'office ou les autres prières à réciter, et l'hospitalité à exercer envers les pèlerins. Elles furent lues et approuvées en plein synode diocésain ; et enfin ces bons ermites firent la profession à vœux simples, entre les mains d'un délégué de leur révérendissime prélat.

En ce temps-là, le serviteur de Dieu expliquait chaque dimanche le catéchisme à son peuple d'Annecy, dans la chaire de sa grande église. Or, un jour, il fut vu de tout le peuple entièrement rayonnant, et environné d'une si grande et si éclatante lumière que les yeux en étaient éblouis. Toute l'assistance en fut ravie d'admiration, et les personnes les plus graves ont rendu témoignage de ce prodige.

Il continuait aussi de faire de larges aumônes aux pauvres et aux affligés, et de répandre les miracles sur ses pas. En revenant de Thonon, où, dans les fêtes de la Pentecôte, il avait conféré le sacrement de la confirmation à plus de 500 personnes, il guérit un domestique du baron de Montou : ce malheureux était travaillé d'une si furieuse et dangereuse rage, qu'il allait courant par les champs et par les bois, hur-

lant et criant horriblement ; il ne pouvait reposer ni jour ni
nuit, et allait même violemment donner de la tête contre les
troncs des arbres et les murailles, faisant horreur et compassion tout ensemble à ceux qui le voyaient. Le bienheureux
François le toucha à la tête, le bénit, et le renvoya tout à fait
remis en paix et délivré de sa folie, de laquelle il ne s'est
jamais ressenti depuis.

Le bon évêque, étant à Annecy au mois de juillet, apprit
que Jacqueline Achard, dame de Berbey en Faucigny, était
malade à la mort ; et, parce qu'elle était alliée à sa famille
et qu'il l'estimait fort pour ses grandes vertus, il s'en alla à
l'autel prier Dieu pour elle, et, en revenant, il dit à un prêtre
et à un seigneur qui se trouvèrent là : « Non, madame de
Berbey ne mourra pas : j'ai demandé un sursis pour elle à notre
Sauveur. » A l'heure même où ces paroles étaient prononcées,
la malade commença en effet de se trouver mieux, et elle fut
promptement rétablie tout à fait. Sur la fin du mois de septembre, à une dame fort affligée et désolée de n'avoir point
d'enfant, il promit que Dieu la consolerait l'année suivante
et lui donnerait un fils ; et l'événement vérifia sa prédiction.

Au commencement de novembre, il retourna à l'abbaye
de Sixt, pour la consolation des religieux, et pour la pacifica-
tion de certains différends qui s'étaient élevés dans le monastère et y avaient jeté le trouble. Il régla et arrangea tout à
la satisfaction des parties. Il prédit la mort de l'abbé, Jacques
de Mouxi, dont il reçut la confession générale : « Il ne verra
pas, dit-il, le terme de la lune suivante » ; lequel arrivait le
14 décembre. Dans les premiers jours de ce mois, la nouvelle
vint de Sixt que le dit abbé s'en allait mourant, et qu'il
désirait voir son évêque encore une fois. Le saint homme
partit malgré la rigueur excessive de l'hiver, entendit la dernière confession du moribond, lui porta le viatique de ses
propres mains, et lui fit la recommandation de l'âme à sa
dernière heure. Le neuf décembre, Jacques de Mouxi passait
de cette vie à l'éternelle.

L'année d'après, 1621, le bienheureux François fit plusieurs
miracles à Annecy. Il délivra, par l'imposition des mains ou
par une simple bénédiction, deux femmes horriblement tour-
mentées du démon, qui leur faisait faire toute sorte de choses
extravagantes. Un malade, qu'il avait visité et exhorté, baisa
le bord de son rochet, et recouvra ainsi la santé du corps,
quoiqu'il fût abandonné et condamné des médecins.

CHAPITRE QUATRIÈME.

Arrivée de l'évêque de Chalcédoine, coadjuteur de François. — Translation des reliques de saint Germain. — François pressent et prédit sa mort. — Il préside le chapitre des Feuillants à Pignerol. — Il va à Avignon sur l'invitation du duc de Savoie (1621-1622).

SUR ces entrefaites arriva le frère du bienheureux, Jean-François de Sales, coadjuteur de Genève avec future succession, et évêque de Chalcédoine, lequel, par la volonté des sérénissimes princes, avait été consacré à Turin le 17 janvier, et devait soulager François dans les fonctions de sa charge épiscopale. Le serviteur de Dieu fit les honneurs à son frère, et lui témoigna toute sorte d'égards et de respects pour la nouvelle dignité dont il le voyait revêtu. Dès lors il l'instruisit soigneusement et sérieusement de tous les offices pontificaux et les lui fit exercer en sa présence, afin, par après, de s'en reposer sur lui, et d'être plus libre pour la composition des livres qu'il avait encore dessein d'écrire.

Vers ce temps, il entretint à ses frais dans une auberge, l'espace de six semaines, celui qui l'avait naguère si vilainement outragé et calomnié à Paris, et qui, revenant d'Italie avec sa femme, était réduit à l'extrême pauvreté ; il n'oublia point de courtoisies ni de bienfaits à son endroit ; à son départ, il lui fit l'aumône d'une bonne somme d'argent, donnant ainsi à ce malheureux la plus haute idée de sa miséricorde, douceur et sainteté.

L'été venu, à la prière de Claude-Louis-Nicolas de Coëx, prieur de Talloires, et des religieux, il monta à l'ermitage de Saint-Germain, avec le révérendissime évêque de Chalcédoine, son coadjuteur. Il s'agissait de transférer au grand autel les reliques du saint anachorète, qui étaient au milieu de la nef de l'église. La cérémonie fut des plus touchantes. Quand les restes sacrés eurent été déposés dans la châsse préparée pour les recevoir, les deux prélats chargèrent ce précieux fardeau sur leurs épaules, et firent ainsi la procession solennelle autour de l'église et de l'ermitage. A ce moment, le ciel était entièrement couvert de nuées épaisses, noires et menaçantes : déjà même quelques gouttes d'eau commençaient à tomber. Mais le saint évêque ayant levé les yeux en haut : « Non, dit-il, Dieu nous fera la grâce qu'il ne pleuvra point ; » et tout aussitôt il se fit une grande sérénité. Pendant la procession, François n'avait presque point cessé de verser des larmes de dévotion ; après, il monta en chaire et fit au peuple une exhortation très fervente.

Or, il admirait la beauté de cet ermitage, et, parmi les louanges qu'il en faisait, il ne put s'empêcher de manifester la secrète pensée de son âme : « Cela est résolu, dit-il ; puisque j'ai un coadjuteur, si nos sérénissimes princes le permettent, je viendrai habiter en cet ermitage : ici sera le lieu de mon repos, parce que je l'ai choisi ; » et sur ces paroles, ouvrant la fenêtre qui est du côté du septentrion, et regardant le lac et le paysage d'Annecy : « O Dieu ! dit-il, que c'est une bonne et agréable chose que d'être ici ! Décidément il faut laisser à notre coadjuteur le poids du jour et de la chaleur, pendant que nous y servirons Dieu et son Église avec notre chapelet et notre plume. Et savez-vous, Père Prieur ? ajouta-t-il : ici les idées nous viendraient en tête aussi drues que les flocons de neige y tombent en hiver. »

Après dîner, il descendit à pied de la montagne, et, arrivé à la ville, sans avoir presque point pris de repos, il monta en chaire dans l'église paroissiale, où il prononça l'éloge du glorieux saint Germain.

Le grand évêque de Genève, ayant fait très heureusement toutes ces choses, passa le lac pour visiter la baronne de Chevron, Jeanne de Menton, qui demeurait pour lors à Derée, afin de lui procurer soulagement et consolation parmi les ennuis de sa vieillesse. Comme il l'entretenait de la vanité du monde, et lui disait qu'il était temps pour eux de penser tout de bon à la vie future, elle lui répondit : « Quant à moi, il est vrai, je suis vieille, et ne dois plus songer qu'à la mort. Mais vous, Monseigneur, vous vous portez bien, Dieu merci ! et vous êtes encore d'un âge robuste. Dieu vous réserve de plus longues années, pour ce que vous êtes encore nécessaire à son Église. Mais moi, je ne sers plus de rien au monde, et j'ai 72 ans. » Il lui repartit : « L'âge n'y fait rien, Madame : je ne laisserai pas de partir le premier, et vous me suivrez; » lesquelles paroles prononcées prophétiquement se sont réalisées. Il commença dès lors à être grandement tourmenté du mal des jambes; ce qui ne l'empêcha pas d'aller à Thonon, où l'appelaient des affaires d'importance. Toutefois, à son retour, comme il passait à Brens pour saluer son très cher cousin, Gaspard de Sales, à peine se pouvait-il soutenir : de sorte qu'il faisait compassion à ceux qui le considéraient; pourtant, quelle que fût la violence de la douleur, il garda toujours un visage serein et ne se plaignit aucunement. A ces souffrances de la maladie, il en ajoutait même de volontaires; c'est ainsi qu'au commencement de l'année 1622, l'hiver étant fort rude, il ne voulut point qu'on lui fît des habits neufs pour remplacer ses vêtements de dessous, qui étaient tout usés et le garantissaient mal contre le froid. Il supportait cela joyeusement par amour pour la sainte pauvreté, et par le désir qu'il avait de pouvoir soulager un plus grand nombre de malheureux : car la misère était grande alors dans le pays.

Au mois de mai suivant, il reçut du Pape Grégoire XV des lettres qui le chargeaient de présider le chapitre général des Pères Feuillants, à Pignerol, au pied des Alpes. Il obéit incontinent. En passant à la Thuille, il dit à la femme de son frère Louis, en portant la main sur la poitrine : « Je sens ici je ne sais quoi, qui me signifie que je ne dois pas vivre bien longtemps. » Néanmoins il passa outre, et fut reçu à Pignerol comme un ange venu du ciel. Là, il se fit tout à tous, entendant avec une patience incroyable les prières et les plaintes des uns, rendant en faveur des autres des sentences et des jugements avec une maturité et une justice nonpareilles, comme un véritable Salomon. Mais ses infirmités lui rendaient très pénibles les séances des assemblées. Un jour on dut à son occasion interrompre le chapitre. Toutefois il supportait tout patiemment, quelque pressantes et aiguës que fussent ses souffrances. Les jours de fêtes et de dimanche qu'il n'y avait point d'assemblée, il s'employait aux exercices de sa charge épiscopale, et allait jusqu'à ce qu'il fût à bout de forces. Or il fit des merveilles en ce chapitre, réglant avec une sagesse consommée les affaires les plus délicates de l'ordre, et procurant l'élection du Père Jean de Saint-François, comme abbé et supérieur général, lequel fut un des plus vertueux et des plus savants religieux qui ait vécu jamais. C'est à ce grand religieux qu'il communiqua son dessein de composer quatre nouveaux ouvrages, l'un d'exégèse évangélique, l'autre de controverse, le troisième de morale, et le quatrième d'histoire des temps apostoliques. On ne saurait trop regretter que le temps lui ait manqué pour l'exécution de son dessein. Outre cela, il avait projeté un *Traité de l'amour du prochain*, qui devait être le pendant du livre de l'*Amour de Dieu*. Comme le

Père général lui disait : « Monseigneur, voilà bien de la besogne pour un homme qui est déjà sur le déclin de l'âge, et pour un prélat qui n'est guère maître de son temps; » il lui répondit en souriant : « Il est vrai; mais pour s'entretenir l'esprit, il faut prendre de la tâche beaucoup plus qu'on n'en saurait faire, et comme si l'on avait à vivre longtemps, sans se soucier d'en faire plus que si l'on avait à mourir dès demain. »

Ce chapitre général terminé, le bon évêque, sur le désir des sérénissimes princes, s'en alla à Turin, d'où il écrivit à Rome tout ce qui s'était passé à Pignerol. Il était fort aimé de la princesse de Piémont, Christine de France, qui lui avait fait préparer un magnifique logis pour le recevoir; toutefois il préféra loger en une cellule des Pères Feuillants, très étroite et tellement exposée au soleil que l'on pouvait plutôt l'appeler un four qu'une chambre. Aux religieux qui le pressaient d'accepter ailleurs un appartement plus commode, il répondait : « Quoi donc! ne voulez-vous pas que je sois Feuillant? et me voulez-vous chasser de chez vous? » Il disait cela parce qu'il avait désiré être affilié à leur ordre, et qu'il avait reçu en effet des lettres de participation à toutes les bonnes œuvres de la congrégation, quelque temps auparavant.

A la suite de tant de travaux et des fatigues de la cour, il tomba en une grave maladie, qui le tint au lit l'espace de plusieurs semaines. Étant guéri, et ayant appris que la misère était grande en Savoie, il demanda la permission de se retirer dans son diocèse. A son départ, la princesse de Piémont lui fit présent d'un anneau très précieux, qu'il destina tout aussitôt pour les pauvres d'Annecy. Pendant le chemin, cet anneau fut quelque temps égaré, puis retrouvé par après; ni sa perte, ni son recouvrement ne le firent sortir aucunement de cette égalité d'âme qu'il conservait en toute circonstance. Depuis, cet anneau fut souvent engagé par le saint homme au profit des pauvres, selon l'intention qu'il avait eue en le recevant. Au sortir de Turin, il dit à un prêtre de la Sainte-Maison de Thonon qu'il rencontra : « Je m'en vais tout joyeux d'ici, et tout résolu, quand je serai arrivé en notre diocèse, de vendre mitre, crosse, habits, vaisselle, tout ce que je possède, pour soulager les pauvres. »

Étant de retour en sa chère ville d'Annecy, il commença à mettre sérieusement la main à la composition des livres qu'il avait projetés. En même temps, parce qu'il se voyait proche de la mort, il se mit à instruire tout particulièrement avec un grand soin le révérendissime évêque de Chalcédoine ,son très cher frère et coadjuteur. Tous les jours, à certaines heures, il s'enfermait avec lui dans son cabinet,et lui enseignait la théologie, l'art du gouvernement d'un diocèse, la méthode pour bien prêcher et faire des exhortations au peuple, selon qu'il est convenable à un évêque; il lui expliquait aussi les plus difficiles passages de la sainte Écriture, et ne cessait de lui inculquer mille beaux préceptes et conseils; enfin, il le voulut voir et ouïr en chaire revêtu d'habits pontificaux, et, la prédication achevée, il en fut si satisfait qu'il prononça ces paroles de saint Jean-Baptiste : « Il faut que celui-là croisse, et que je diminue. »

Cependant il continuait de faire beaucoup de miracles, entre lesquels celui-ci fut éclatant et grandement remarqué. Le dimanche 9 octobre, en revenant de visiter des malades, il rencontra la femme de Jacques Decrouz, notaire et bourgeois de la ville. Cette femme portait sur ses bras une sienne petite fille, qui pour lors tremblait misérablement de la fièvre au plus fort de l'accès. Il demanda quelle maladie avait la pauvre petite. La mère répondit: « Hélas ! Monseigneur, il y a trois mois qu'elle est tourmentée de la fièvre quotidienne. » Alors le saint évêque toucha l'enfant doucement à la joue, et dit en lui donnant sa bénédiction : « Dieu vous guérisse, ma fille ! » et il continua son chemin. Au même instant, l'enfant s'écria : « O ma mère ! Monseigneur m'a touchée: je suis guérie; » comme en effet elle fut entièrement guérie. Tous ceux qui accompagnaient le prélat, et ils étaient en grand nombre, furent témoins de ce miracle, et tout aussitôt le bruit s'en répandit dans la ville et au-delà.

Sur ces entrefaites, le roi très chrétien, Louis XIII, et le sérénissime duc de Savoie, Charles-Emmanuel, pensaient de s'aboucher en la ville d'Avignon ; et le bienheureux François reçut un commandement exprès de s'y rendre au plus tôt. Tout le monde lui conseillait de s'excuser auprès de Son Altesse de faire ce voyage, à cause du pitoyable état de sa santé. Mais lui : « Que voulez-vous ? disait-il; il faut aller où Dieu nous appelle. » Toutefois, prévoyant bien ce qui allait arriver, il mit ordre à toutes ses affaires; puis il prépara tout ce qu'il lui fallait pour son voyage, dit adieu à tous les siens, et prédit sa mort en termes formels, ajoutant qu'il lui importait peu de mourir hors de son pays, pourvu

Portrait de Louis XIII (d'après l'ouvrage intitulé : *Les hommes illustres et grands capitaines français qui sont peints dans la galerie du Palais-Royal*).

qu'il mourût bien. Parlant des livres qu'il avait sur le métier
à un bon ecclésiastique qui était venu le saluer : « Nous les
avons commencés, dit-il, mais peut-être qu'un autre les achèvera ; car il faut s'en aller à Notre-Seigneur. » Le prêtre fut
grandement étonné, et, tombant à genoux, il lui demanda
sa bénédiction. Le saint évêque la lui donna affectueusement,
lui recommanda la charge des âmes, et s'informa s'il ne
comptait pas revenir bientôt ; et, sur sa réponse qu'avec
l'aide de Dieu il reviendrait dans trois mois : « Hé bien ! lui
repartit-il, priez Dieu pour moi : nous ne nous reverrons
donc plus en ce monde. » Les chanoines de son église cathédrale vinrent en corps lui dire adieu. Il les avait toujours
aimés d'une dilection très tendre, comme ses frères : aussi les
embrassa-t-il tous l'un après l'autre, les conjura de prier
Dieu pour lui, et leur prédit sa mort fort clairement, disant
qu'il partait pour ne revenir plus. Le Père Anselme Marchand,
de l'ordre des Frères Mineurs de l'Observance régulière, auquel il se confessait souvent, l'étant venu voir et s'étant jeté
à ses genoux, il lui dit : « Ce voyage me coûtera la vie, et
désormais nous ne nous reverrons qu'en Paradis.» A l'un de ses
domestiques il tint plaisamment ce propos : « Je ne ferai
pas comme les chevau-légers : je m'en irai sans trompette ;
et, quand vous entendrez dire que je serai malade, sachez
que je serai un homme mort. » Enfin il s'en alla dire adieu
à ses chères filles les religieuses de la Visitation, célébra la
messe devant elles, leur donna à toutes sa bénédiction, leur
fit présent d'une très belle et très précieuse chasuble pour leur
chapelle, leur recommanda l'obéissance et la charité, et, pour
conclusion, leur dit qu'il ne lui restait plus rien que le ciel.
Le neuvième jour de novembre étant venu, comme il descendait de sa chambre pour se mettre en route, le révérendissime évêque de Chalcédoine, son frère, qui l'attendait sur
les degrés, se jeta à ses pieds pleurant à chaudes larmes,
l'enlaça étroitement de ses bras, et ne put rien dire que par
soupirs et sanglots. Le saint homme tâcha de le consoler ;
mais toutefois il lui dit qu'infailliblement il mourrait, s'il
tombait malade en ce voyage. Par toute la maison, et généralement par toute la ville, on n'entendait que plaintes,
pleurs et gémissements à cause de son départ : et c'était un
bien triste spectacle. Toute la noblesse et la magistrature
de la ville voulut l'accompagner jusqu'à Seissel ; et au
moment de la séparation, la douleur qui oppressait les cœurs

des uns et des autres, éclata en cris et en lamentations.

Le bon évêque monta dans une nacelle, et se mit à la merci du Rhône par une bise très piquante. À Lyon, il prit le bateau pour Avignon. En arrivant à Bourg, à deux lieues d'Avignon, il fut très honorablement reçu par les échevins, non pas comme un homme mortel, mais comme un saint descendu du ciel, et conduit tout droit à l'église, où, nonobstant sa résistance, on chanta le *Te Deum* pour célébrer son arrivée ; le lendemain, les mêmes échevins le ramenèrent jusqu'au bateau, tout chargé d'honneurs et de présents. Ce fut bien autre chose à Avignon même : car, quand il arriva, le peuple allait courant après lui, comme à l'odeur de ses parfums ; petits et grands, jeunes et vieux, hommes et femmes louaient et bénissaient Dieu, de ce qu'il leur avait fait la grâce de voir un homme si saint et tout angélique, et par les rues et places publiques on n'entendait que cris et acclamations de cette sorte : C'est le grand évêque de Genève ! C'est celui qui a composé le livre de l'*Introduction à la vie dévote !* Le voilà, l'homme juste et chéri de Dieu et des hommes ! Le voilà celui qui a si saintement écrit de l'amour de Dieu ! Voilà le fondateur de l'ordre de la Visitation ! » Au milieu de tous ces applaudissements, le saint s'enfonçait dans la connaissance qu'il avait de son néant ; plus on l'exaltait, plus il s'humiliait. Telle était son indifférence pour les pompes de ce monde qu'il ne se mit pas en peine de voir le magnifique cortège du roi victorieux à son entrée dans la ville, quoiqu'il l'eût pu voir très commodément de la chambre où il était logé.

Pendant son séjour il ne manqua pas de s'occuper des affaires du grand collège de Savoie, que l'on appelle de Saint-Nicolas, fondé autrefois par Jean le Frasse, cardinal d'Ostie et évêque de Genève, en faveur de vingt-quatre écoliers qui voudraient s'avancer en l'étude des bonnes lettres, et principalement de la jurisprudence et de la théologie.

Sept ou huit jours étant écoulés, il repartit pour Lyon avec le cardinal Maurice, pour rejoindre les sérénissimes princes de Piémont Victor-Amédée et Christine de France, sa femme, qui devaient s'y trouver pour voir le roi très chrétien.

CHAPITRE CINQUIÈME.

François revient à Lyon. — Ses travaux en cette ville. — Sa dernière maladie. — Sa mort. — Ses obsèques. — Son extérieur et son intérieur (1622-1623).

LE 29 novembre, François arriva à Lyon. Plusieurs conseillers du roi et grands seigneurs se disputèrent l'honneur de le loger ; les Pères Jésuites lui offrirent aussi leur maison professe. Mais il les remercia les uns et les autres, et, pour l'amour qu'il portait à la sainte pauvreté, il choisit la misérable cabane du jardinier de la Visitation, où demeurait aussi le confesseur des religieuses, sous prétexte qu'il y serait plus libre pour recevoir ceux qui le viendraient visiter, et plus à portée de rendre à ses chères filles les services spirituels qu'elles réclameraient de lui. A ceux qui se plaignaient qu'il eût choisi un logis si pauvre et si incommode, il répondait doucement que jamais il n'était mieux que quand il n'était guère bien.

Le quatre décembre, qui était le second dimanche de l'avent, il devait prêcher dans l'église du collège des Pères Jésuites ; comme on l'engageait à s'y rendre en carrosse, pour épargner ses jambes dont il souffrait beaucoup : « Vraiment, vous dites bien ! répondit-il ; il ferait beau voir que je montasse en carrosse, pour aller annoncer la pénitence de saint Jean et la pauvreté évangélique ! » Enfin il alla à pied, et prêcha très puissamment.

Son zèle, sa charité et ses autres vertus lui attiraient l'estime et la vénération de tout le monde. Plusieurs Allemands qui étaient pour lors à Lyon, disaient qu'en Allemagne on parlait de lui comme d'un saint Jérôme, d'un saint Augustin, d'un saint Ambroise, et qu'on le comparait à ces anciens Pères de l'Église. Un docteur de Sorbonne, ayant conféré avec lui, ne put s'empêcher de lui dire, en se retirant tout satisfait et enchanté : « Monseigneur, vous êtes regardé d'un chacun comme un saint, et véritablement ce n'est pas sans raison : car j'en fais maintenant moi-même l'expérience. » Le bon évêque lui répondit : « O Monsieur ! Dieu vous préserve d'une telle sainteté ! Je vous assure que vous vous trompez aussi bien que les autres. Mais que je sois un jour saint, Monsieur, vous y pouvez beaucoup contribuer par vos prières. » Une dame de grande qualité lui ayant dit : « Monseigneur, si vous étiez vêtu de rouge, on vous prendrait pour saint Charles » ; le serviteur de Dieu lui répondit : « Ce dernier point, Madame, serait bien plus désirable pour moi que le premier : car j'aimerais mieux être saint Charles que porter la robe rouge. » Une fois qu'on parlait de saint François-Xavier, un dévot ecclésiastique se mit à dire en sa présence : « Dieu soit loué, voilà déjà trois saints François canonisés : François d'Assise, François de Paule et François-Xavier ! il ne reste plus que François de Sales. » Le bon évêque sourit, et dit doucement : « Oh! plût à Dieu que je fusse saint ! »

La veille de Noël, il présida à une plantation de croix des Pères Récollets, et y souffrit beaucoup du froid. A minuit il célébra au monastère de la Visitation, et fit aux religieuses une exhortation toute pleine de tendretés et de célestes mouvements d'amour envers le divin Enfant. A l'aube, il alla ouïr en confession les sérénissimes princes de Piémont Victor-Amédée et Christine de France, célébra devant eux et leur donna la sainte communion. A onze heures passées il dit sa troisième messe devant ses chères filles de la Visitation. Après dîner, il présida à la prise d'habit de deux religieuses, et y prêcha très saintement sur ces paroles de l'Apôtre : *Renonçant à l'impiété et aux désirs séculiers, vivons en ce siècle sobrement, justement et dévotement.* Sur le tard il s'en alla au palais de la reine-mère, Marie de Médicis, pour lui dire adieu, parce qu'elle partait le lendemain, et fut obligé d'y demeurer longtemps, malgré les grandes souffrances qu'il ressentait.

Le jour de saint Étienne fut employé à traiter de diverses affaires ; de cinq heures du soir jusqu'à sept, il donna une conférence familière aux religieuses de la Visitation. Il leur fit ses adieux, et, entre autres instructions, il insista sur ce principe : *ne rien demander et ne rien refuser en fait de charges en religion, mais accepter tout de la main de Dieu par obéissance.*

Le lendemain, jour de saint Jean, il s'aperçut que sa vue avait baissé, et il dit à ses serviteurs : « Cela signifie qu'il s'en faut aller : toutefois nous vivrons autant qu'il plaira à Dieu.» Il se confessa, et il était presque midi lorsqu'il célébra la messe. Au sortir de l'église, il eut froid, et ne laissa pourtant pas de s'entretenir longtemps avec plusieurs hauts personnages. De retour en la maisonnette du jardinier, il ne se trouva guère bien : il était grandement las. Il dîna fort

légèrement ; puis il écrivit deux lettres, et en commença une
troisième, reçut plusieurs visites, et enfin se retira en son cabinet avec Pilliod, son domestique. Là, il lui prit subitement
une défaillance : tous les autres serviteurs, qui étaient en
la chambre, accoururent. Il était deux heures après midi. On
le fit promener quelque temps, puis on le coucha. Une demi-
heure après, il était frappé d'une lourde apoplexie : il ne
pouvait faire un mouvement, mais toutefois on parvenait bien
par intervalles à le tirer de l'engourdissement et de la torpeur
où il était plongé, et alors tombaient de ses lèvres d'admirables sentences. Le sieur Georges Rolland, l'intendant de sa
maison, consterné de cet étrange accident, ne savait de
quel côté se tourner. Enfin il courut à la maison professe des
Jésuites, et appela le révérend Père Recteur, Pierre Barnand.
Celui-ci prodigua toute sorte de soins au vénéré malade, lui
suggérant des actes de foi, d'espérance, de charité, de patience,
d'humilité et de contrition. Après s'être retiré, il lui envoya
deux autres Pères, dont l'un, le Père Gaspard Maniglier, était
fort chéri du bon évêque, pour ce qu'il était savoisien et religieux de grande vertu. « Monseigneur, lui dit ce Père, si
Dieu avait destiné cette heure pour celle de votre mort, ne
vous conformeriez-vous pas à sa volonté ? » Le saint homme
lui répondit : « Dieu est le maître, qu'il dispose de moi
comme il voudra. » Incontinent il fit la profession de foi,
et ajouta : « Quand il y aurait cent, voire mille religions
au monde, je n'estimerais et je n'estime bonne que celle de
l'Église catholique, apostolique et romaine, en laquelle je
veux mourir : ainsi je le jure, ainsi je le professe ! » Il demanda
alors l'extrême-onction ; mais les médecins jugèrent qu'on
pouvait encore attendre. Il se soumit en cela comme il leur
obéissait en toutes choses, ne refusant jamais rien de ce
qu'ils lui présentaient, quelque amères que fussent les po-
tions, et répondant toujours : « Faites au malade ce qu'il
vous plaira. »

Cependant le Père Maniglier, continuant de l'exhorter, le
pressait de proférer ces paroles de Notre-Seigneur : *Père, s'il
est possible, que ce calice s'éloigne de moi ;* il ne le voulut point,
mais prononça celles-ci : « Que ma volonté ne soit pas faite,
mais la vôtre ! » Le même l'engagea à consacrer son âme à
la très glorieuse Trinité. Alors, rassemblant ses forces, il
poussa hors de sa poitrine ces paroles : « Je voue et consacre
tout ce qui est en moi à Dieu : ma mémoire et mes actions à

Dieu le Père, mon entendement et mes paroles à Dieu le Fils, ma volonté et mes pensées à Dieu le Saint-Esprit, mon cœur, mon corps, ma langue, mes sens et toutes mes douleurs à la très sainte humanité de JÉSUS-CHRIST, lequel pour moi n'a point redouté d'être trahi et livré entre les mains des méchants, et de subir le tourment de la croix. » Là-dessus le sieur Ménard, vicaire général, étant arrivé et lui demandant s'il ne voulait pas qu'on exposât le très auguste Sacrement pour lui en l'église de la Visitation, il répondit qu'il ne le méritait pas. À cette autre question : « Ne voulez-vous pas qu'on prie Dieu pour vous ? » Il repartit : « Oh ! pour cela, oui ! » — « Ne vous ressouvenez-vous point de la très glorieuse Vierge Marie, lui fit-on, et ne la voulez-vous pas prier ? » Il répondit : « Je l'ai priée tous les jours de ma vie. » La nuit était venue, et elle était déjà fort avancée, et, comme il retombait toujours dans son assoupissement, les médecins défendirent qu'on le tourmentât davantage. Toutefois plusieurs religieux de divers Ordres, mais principalement les Jésuites, veillèrent toute la nuit auprès de lui.

Cependant, dès les quatre heures du soir, le bruit de sa maladie s'était répandu par toute la ville de Lyon, et il n'y avait personne qui ne pleurât la perte d'un si grand prélat. On exposa le Saint-Sacrement, et on fit des prières dans toutes les églises pour sa guérison. Vers minuit, il donna beaucoup de marques d'une fin prochaine. On envoya chercher les saintes huiles à la paroisse, et à une heure du matin, en la fête des saints Innocents, on lui conféra le sacrement de l'extrême-onction, pendant les cérémonies duquel le saint évêque répondait à toutes les paroles. Après quoi il se fit mettre au bras droit son chapelet, auquel étaient attachées plusieurs médailles bénites qu'il avait rapportées de Rome et de Lorette. On ne jugea pas à propos de lui donner le saint Viatique, parce qu'il était sujet aux vomissements : du reste il avait célébré la sainte messe la veille, le jour même de saint Jean.

Le matin venu, il fut visité par le révérendissime évêque de Damas, Robert Bertelot, au salut duquel il répondit en lui tendant la main. Alors l'évêque de Damas lui dit qu'il était venu pour le secourir, et se servit des paroles de Salomon : *Le frère qui est aidé par son frère est comme une cité bien munie.* Le malade répondit : « Et le Seigneur sauvera l'un et l'autre. » Après quelques moments, l'évêque de Damas ajouta : « Jetez votre pensée au Seigneur. » Le malade poursuivit : « Et il vous nourrira ; » et tout aussitôt il continua : « Ma nourriture, c'est que je fasse la volonté de mon Père ! » Il avait recommandé au sieur Pierre Pernet, qui ne quittait point son chevet, de lui suggérer souvent, en le réveillant, des paroles et sentences de la sainte Écriture, et entre autres : *Mon cœur et ma chair se sont réjouis dans le Dieu de ma vie ;* et il redisait fort souvent celles-ci : *Je chanterai éternellement les miséricordes du Seigneur. — Mon âme refuse d'être consolée : quand viendrai-je et quand apparaîtrai-je devant la face de Dieu ? — Montrez-moi, ô le bien-aimé de mon âme, le lieu où vous rassasiez vos agneaux, où vous reposez dans un midi sans déclin.* A dix heures le Père Jean Forier, Jésuite, provincial de Lyon, l'étant venu voir, voulut lui faire réciter cette oraison de saint Martin : *Seigneur, si je suis encore nécessaire à votre peuple, je ne refuse point le travail.* Mais lui au contraire se mit à dire et à répéter : « Je suis un serviteur inutile, inutile, inutile. » Sur l'invitation d'un autre Jésuite, il récita le sacré Trisagion tout entier : « Saint, saint, saint est le Seigneur, Dieu des armées. Le ciel et la terre sont pleins de la majesté de votre gloire... Béni soit celui qui vient au nom du Seigneur ! » Le même Père ayant commencé le psaume *Miserere*, il le dit avec lui.

Cependant les médecins se consultaient sur sa maladie, et en jugeaient très mal. La triste nouvelle en fut portée au duc de Nemours, Henri de Savoie ; et ce prince, quoique fort souffrant de la goutte et même alité, se leva et vint le voir en carrosse jusqu'à son pauvre logis. Il fit plus : il se prosterna à deux genoux devant son lit, et lui demanda sa sainte bénédiction pour lui-même, puis une autre pour son fils aîné, celui que le prélat avait autrefois baptisé à Paris. Le duc s'étant retiré, un des serviteurs pleurait appuyé contre les colonnes du lit ; le malade lui dit : « Ne pleurez pas, mon enfant ; ne faut-il pas que la volonté de Dieu soit accomplie ? » Le fidèle Rolland s'épuisait à force de larmes et de sanglots, et faisait pitié à tous les assistants ; enfin il s'approcha de son saint maître et lui dit : « Monseigneur, vous ne nous parlez point ? dites-nous quelque chose. » Il lui répondit : « Vivez en paix et dans la crainte de Dieu. » Le siège de Lyon était pour lors vacant par la mort de l'archevêque. Mais l'évêque de Damas l'était déjà venu voir ; l'archevêque d'Embrun y vint à son tour. Le bienheureux François était alors plongé dans ce lourd sommeil, d'où les médecins ne le pouvaient tirer que par la force de la souffrance, en lui arrachant les cheveux ou en le frictionnant jusqu'au vif. Ainsi réveillé, et jetant les yeux sur le révérendissime visiteur, il se mit à dire avec une force extraordinaire : « Seigneur, tout mon désir est devant vous, et mon gémissement ne vous est point caché. Mon Dieu et mon tout ! mon désir et le désir des collines éternelles ! »

Sur les cinq heures du soir, les médecins résolurent d'employer les remèdes extrêmes. On lui avait déjà appliqué sur la tête un emplâtre de cantharides ; on lui enfonça ensuite par deux fois le bouton de fer ardent sur la nuque : ce qu'il endura très patiemment, et, quoique la violence de la douleur lui arrachât des larmes, il ne proféra autre chose que les saints noms de JÉSUS et de Marie. Mais on ne s'arrêta pas là : on lui enleva l'emplâtre de la tête, lequel emporta toute la première peau depuis la nuque jusqu'au front ; et ainsi on lui enfonça une troisième fois le fer ardent sur le crâne si avant qu'une épaisse fumée en sortit : de sorte qu'il se peut bien dire que le saint évêque a véritablement enduré les tourments des martyrs.

Quelque temps après, comme on lui demandait s'il voulait laisser ses filles de la Visitation orphelines, il répondit : « Celui qui a commencé l'œuvre l'achèvera, l'achèvera, l'achèvera. » Enfin, ayant prononcé une dernière fois le nom de JÉSUS, il ne parla plus ; mais, à toutes les exhortations qu'on lui faisait, il levait les yeux au ciel. Quand on le vit aux abois, on récita près de lui les prières des agonisants, on répéta trois fois l'invocation aux saints Innocents, parce que c'était le jour de leur fête, et, à la troisième fois le saint évêque rendit doucement et tranquillement sa très innocente âme à Dieu, à huit heures du soir, le 28 décembre 1622, en la cinquantième année de son âge et la vingtième de son pontificat.

Le lendemain, toute la ville accourut à la pauvre maisonnette ; ce n'était qu'une voix parmi le peuple pour proclamer le défunt saint et bienheureux, et ce fut merveille avec quelle vénération tous venaient lui baiser les pieds. Les médecins, chargés d'un embaumement sommaire, ne lui trouvèrent point de fiel ; la bourse qui le contient renfermait à la place trois cents petites pierres attachées les unes aux autres en forme de chapelet, diverses de couleur et de figure. On attribua ce phénomène à la violence continuelle qu'il s'était faite pour réprimer les mouvements de la colère, à laquelle il était enclin par nature. Tout le sang qui coula pendant l'opération, fut pieusement recueilli dans des linges et des mouchoirs ; il y en eut même qui râclèrent la table et le pavé, qui en avaient reçu quelques gouttes ; on ramassa religieusement tout ce qui avait servi au saint malade : plusieurs malades furent guéris par le contact ou l'application de ces précieuses reliques. Son cœur fut donné au monastère de la Visitation, et renfermé dans un étui d'argent, puis plus tard dans un magnifique reliquaire d'or fleurdelisé, don du roi Louis XIII, qui voulut ainsi témoigner sa reconnaissance pour la santé qu'il avait recouvrée par l'application de ce saint cœur. Les pierres de son fiel, et différentes parties des autres viscères, comme aussi tous les objets qui avaient appartenu à l'homme de Dieu, furent distribués entre les princes, les grands, les religieux et les ecclésiastiques ; et chacun désira d'avoir quelques reliques du bienheureux prélat : mais il fut impossible de satisfaire la pieuse avidité de tout un peuple.

Le 30 décembre, le corps, revêtu d'habits pontificaux, fut solennellement et à face découverte porté en l'église de la Visitation, où furent célébrées de premières funérailles, et où fut prononcé un beau panégyrique par le Supérieur des Feuillants de Lyon. Le lendemain, le fidèle Rolland et les autres personnes du cortège épiscopal allaient se mettre en route pour Annecy avec le précieux corps, quand l'intendant de la justice, Jacques Olier, y mit opposition, et Rolland dut partir seul pour Annecy, afin d'en rapporter les dernières volontés du défunt.

La nouvelle de la maladie du saint évêque était arrivée dès le 29 dans sa ville épiscopale, et y avait jeté la consternation. Le révérendissime évêque de Chalcédoine ordonna l'exposition du Saint-Sacrement et des prières publiques dans toutes les églises du diocèse, pour la santé du bienheureux prélat qui était déjà mort. Plusieurs personnes, par vision ou révélation, connurent dès lors et annoncèrent la triste réalité. Enfin on vit arriver le messager funèbre, et la ville se remplit de pleurs, de soupirs, de sanglots et de gémissements. C'était une chose pitoyable d'entendre les plaintes des pauvres, des veuves, des malades, des ecclésiastiques tant séculiers que réguliers, mais surtout des Sœurs de la Visitation ; et ce qui mit le comble à la douleur et à la tristesse fut la venue du sieur Rolland, qui rapportait les difficultés que les Lyonnais faisaient de laisser sortir de leur ville le corps du défunt saint évêque.

On ouvrit son testament, le 11 janvier 1623, et on y lut avec consolation l'article par lequel le bienheureux François laissait le choix du lieu de sa sépulture à ceux de sa suite, en cas qu'il vînt à mourir hors de son diocèse. Les magistrats d'Annecy en écrivirent au sérénissime prince de Piémont, et celui-ci au roi de France. Sa Majesté très chrétienne fit droit à leur requête, et ordonna que le corps du saint prélat fût restitué à son église et à sa patrie. Il fut donc rapporté à Annecy. Le voyage depuis Lyon ressembla à une marche triomphale, par le concours du peuple qui se pressait dévotement sur le passage du cortège. A l'approche de la précieuse dépouille, on peut dire que presque toute la ville se porta à sa rencontre ; et, pendant les trois jours que le sacré dépôt demeura en l'église du Saint-Sépulcre, avant la célébration des funérailles à la cathédrale, il se fit en la dite église un si grand concours de peuple que jamais on n'avait vu semblable chose à Annecy, et plusieurs malades et infirmes y recouvrèrent miraculeusement la santé.

Enfin, le mardi 24 janvier 1623, eut lieu à la cathédrale la cérémonie des obsèques, avec une magnificence nonpareille et au milieu d'une affluence extraordinaire. L'office demanda beaucoup de temps, et il était midi passé quand le provincial des Capucins de Savoie monta en chaire, et fit une longue et très élégante oraison funèbre. Sur les cinq heures du soir, le sacré corps fut transféré à l'église de la Visitation : après avoir été exposé pendant plusieurs mois, le cercueil fut placé dans un tombeau contre la muraille, du côté droit du chœur. De nombreuses et élégantes épitaphes, en hébreu, grec, latin et français, soit en prose, soit en vers, sont disposées tout le long de l'église, en voici quelques-unes, traduites du latin :

« Qui que vous soyez qui vous présentez devant ce tombeau, arrêtez-vous, considérez, vénérez, admirez et profitez. Arrêtez-vous à ce noble monument ombragé de palmes, d'oliviers et de lauriers. Considérez le riche dépôt de notre Évêque François de Sales, véritablement grand par l'affection, par les éloges et par les larmes d'un chacun; que ses tristes enfants honorent ici, ravi qu'il a été par une mort prématurée, retiré des mains des étrangers, rendu aux siens, pour être plus tard rendu au ciel. Vénérez en ce dépôt la brillante lumière de l'Église, le soutien de la foi, l'exemplaire des prélats, l'émule des Pères, l'arbitre des docteurs, le maître de la dévotion, le prédicateur apostolique, l'écrivain philothéethéotime (¹), le réformateur des novateurs, l'appui des chancelants, le miroir des vertus, les délices des princes, les amours du peuple. Admirez un homme descendu du ciel avec tant de belles qualités, un ange apparu sur la terre, et pour ainsi dire un dieu domestique, dont l'enlèvement fait notre deuil et notre espérance. Profitez : si vous pensez au ciel, songez de quelle lumière il y brille. Et cependant, sur ses os vierges et embaumés des célestes parfums, répandez les roses et les lis. »

« Au Révérendissime et Illustrissime Père en Dieu François de Sales, nouveau citoyen du ciel, qui a été en sa principauté un très débonnaire Moyse, en son pontificat un très éloquent Aaron, en sa vie un très ardent Elie, en sa mort un très pieux Jacob, depuis sa mort un thaumaturge Elisée ... »

Voici l'inscription qui fut placée, à Thonon, en l'hôtel de ville : « Au bienheureux François de Sales, prince et évêque de Genève : pour le renom de son lignage et de sa sainteté, véritablement très illustre ; pour la grandeur de sa gloire et de ses mérites, très vénérable ; très puissant défenseur de la foi orthodoxe, très victorieux antagoniste de l'hérésie, très industrieux restaurateur de la piété déchue ; que l'institution de religieuses et la restitution de la discipline régulière ont rendu patriarche ; la prédication évangélique et le rappel des hérétiques à la foi, apôtre ; d'immenses travaux et de très fréquents périls de la part des hérétiques, presque martyr ; la dignité pastorale et l'instante sollicitude des églises, véritablement pontife ; la sublimité, la pureté et la piété de sa doctrine et de ses écrits, docteur ; l'intégrité de ses mœurs, la sainte pudeur et la singulière chasteté, vierge : La ville de Thonon, par sa doctrime et ses travaux retirée des erreurs calvinistes et rendue à l'Église, a dédié ce trophée, comme à son apôtre, à son libérateur, à son restaurateur. »

On ne saurait dire combien la mort de ce grand personnage a été pleurée partout. Des services solennels pour le repos de son âme furent célébrés à Paris, à Chambéry, dans presque toutes les villes où il avait passé, et ailleurs encore. Une foule d'oraisons funèbres furent prononcées en son

---

1. Allusion à l'*Introduction à la vie dévote*, et au *Traité de l'Amour de Dieu*. (Note des éditeurs.)

honneur, tant en latin qu'en français ou en italien, et il est impossible d'en déterminer le nombre.

François de Sales avait le corps droit et robuste, la taille riche, les épaules larges, le teint frais, la tête grande et noble, et presque toute chauve, les cheveux châtains, le front large et plein, les sourcils élevés et bien arqués, les yeux bleus, le nez bien profilé et irrépréhensible, les joues vermeilles, la bouche ronde, la barbe large et moyennement longue, la voix grave, la parole lente, les mains fortes et potelées, la démarche tardive et pesante, les gestes nobles et naturels, et les habits toujours très propres. — Quant à ce qui est de l'intérieur, c'était un homme de profonde réflexion, d'un jugement très mûr, d'un esprit très tranquille que jamais personne n'a pu troubler, et tellement bien disposé et ordonné que ce qu'il avait à faire aujourd'hui jamais il ne le renvoyait au lendemain, et que ce qu'il avait à faire le lendemain rarement il le faisait aujourd'hui, sinon pour obéir au dictamen de la conscience ; ennemi de l'empressement, toujours patient, ne méprisant pas la moindre chose pour petite qu'elle fût, doux et facile à l'égard des petits enfants qu'il caressait volontiers à l'imitation de JÉSUS-CHRIST, enfin parfait et accompli de tout point. C'est pourquoi Dieu (qui est véritablement admirable et merveilleux en ses saints) l'a illustré de miracles en sa vie, en sa mort et après sa mort. Or vous en avez maintenant assez pour connaître son esprit et son âme : car un mauvais arbre ne peut produire de bons fruits, ni un bon de mauvais : vous le connaîtrez donc à ses fruits. Il est appelé grand au royaume des cieux, parce qu'il a fait et enseigné : or il a fait et enseigné tout ce qu'a fait et enseigné Notre-Seigneur JÉSUS-CHRIST ; auquel, avec le Père éternel et le Saint-Esprit, soit, par son serviteur et par toute créature, louange, honneur, puissance, bénédiction et action de grâces aux siècles des siècles ! Ainsi soit-il !

ÉPILOGUE.

ENDANT sa vie, le bienheureux François avait été admirable par sa piété, sa doctrine, son zèle, sa douceur, sa charité et par toute sorte de vertus : Dieu avait déjà glorifié son fidèle serviteur par des conversions prodigieuses, par des faveurs personnelles extraordinaires, voire par le don de prophétie et celui des miracles. Mais, après sa mort, le cri public proclama bien haut sa sainteté, et le Seigneur rendit aussitôt sa tombe illustre par les nombreux miracles qui s'y opéraient. De toute part s'élevaient des voix autorisées, qui parvinrent bientôt jusqu'au trône du Souverain Pontife : elles demandaient instamment et obtinrent enfin l'introduction en cour de Rome de la cause du grand serviteur de Dieu.

Nous croyons faire plaisir au lecteur en rapportant ici quelques-uns seulement des plus frappants miracles, qui furent examinés et admis par les commissaires enquêteurs.

Un enfant de 15 ans, Jérôme Gémin, qui apprenait le latin chez le curé des Ollières, trouvant son maître trop sévère, s'était enfui pour retourner en sa famille. Arrivé sur les bords de la rivière de Fer qu'il devait traverser, il la trouva démesurément grossie par la fonte des neiges, et hésita quelque temps à la passer sur les misérables planches qui servaient de pont. Enfin, après s'être mis à genoux, et avoir fait vœu d'aller entendre la messe au tombeau de François de Sales, s'il gagnait l'autre rive sans encombre, il se hasarda à tenter le passage. Quand il se voit au milieu des ondes furieuses et mugissantes, la tête lui tourne, il tombe sur les planches, qui font la bascule, et de là dans la rivière, en criant : *Bienheureux François de Sales, sauvez-moi!* et disparaît sous les flots. Son frère, qui l'accompagnait, va vite chercher du secours au village voisin. Les habitants accourent en toute hâte pour retirer le corps du pauvre enfant. Longtemps leurs recherches furent inutiles, et ce ne fut que huit heures après l'accident qu'on put découvrir le cadavre et le ramener à terre. Spectacle horrible à voir : le corps était gonflé et plein d'eau jusqu'à la gorge, meurtri et déchiré par les pierres contre lesquelles les vagues l'avaient projeté ; le visage était noir et livide, la bouche pleine de sang et de sable. Le curé des Ollières, averti du malheur, se rendit aussitôt sur les lieux. Il trouve un cadavre qui entrait en décomposition, et qui déjà exhalait une odeur fétide. Il se jette à genoux, et fait vœu de célébrer la messe pendant neuf jours près du tombeau de François de Sales, si Dieu, par l'intercession et pour la gloire de son serviteur, rend l'enfant à la vie. La nuit se passa en prières pour le défunt. Le lendemain, à onze heures, on allait faire la levée du corps : il était temps, car on ne pouvait plus guère supporter sa présence, tant il sentait mauvais. Mais voici que pendant le psaume qu'on chante d'ordinaire en pareille circonstance, l'enfant lève les bras de dessous le simple suaire qui l'enveloppait, et s'écrie : *O bienheureux François de Sales !* On s'interrompt, on s'approche, et on entend celui qui était mort depuis vingt-six heures crier d'une voix forte : *Le bienheureux François de Sales m'a ressuscité !* On apporte des vêtements ; le noyé s'habille et se montre à tous plein de vie. Toutefois il souffrait encore beaucoup de ses blessures ; il se rendit à Annecy prier devant le tombeau du saint évêque : là, ses douleurs disparurent comme par enchantement ; il se trouva dans un parfait état de santé, reprit ses études et devint ensuite docteur en théologie.

Claude Marmon, âgé de 7 ans, était aveugle de naissance ; au témoignage de trois médecins d'Annecy, sa cécité était absolue et incurable. Dans ses yeux, à la place de l'organe de la vision, il y avait deux pellicules blanches, sans aucune apparence de prunelle. On le conduisit au tombeau du serviteur de Dieu, et on y fit, pour sa guérison, une neuvaine de prières. Le neuvième jour, pendant qu'il était prosterné sur la pierre du mausolée, il recouvra subitement la vue et s'écria : *Mon Dieu ! je vois : il me semble que je suis en Paradis !* Et depuis lors il fut et demeura complètement guéri.

Jeanne Pétronille Evraz, de la paroisse de Sallanches, âgée de 5 ans, avait apporté en venant au monde une infirmité désolante : elle était paralytique ; ses jambes et ses cuisses étaient toutes desséchées, molles, sans consistance aucune, et si flexibles qu'elles se pliaient et repliaient en tous sens, incapables de supporter le poids du corps. Les médecins déclaraient le mal absolument inguérissable. Le père, pour obtenir le retour de sa pauvre enfant à la santé, fit vœu de visiter le tombeau du saint évêque, d'y faire dire une messe et d'y faire brûler un cierge. Or, pendant qu'il accomplissait son vœu à Annecy, sa fille à Sallanches se levait de son lit et courait se jeter entre les bras de sa mère en criant : *Je suis guérie ! je suis guérie !* Et, en effet, à partir de ce moment, elle put se tenir debout, marcher et courir sans ressentir aucune faiblesse.

Nous ne pouvons résister au désir de raconter un autre miracle qui fit encore plus de bruit que les précédents : il s'agit de la résurrection de Françoise de la Pesse, fille de François de la Pesse, seigneur de Viallon, conseiller du duc de Savoie. Cette enfant, âgée de 9 ans, s'amusait seule dans le jardin de ses parents, quand, de l'autre côté de la rivière de Thioux qui le baignait, elle aperçut des fleurs qu'elle voulut aller cueillir. Elle s'aventura donc sur la planche qui unissait un bord à l'autre. Au milieu de la rivière, que la fonte des neiges avait beaucoup grossie, elle se baissa pour relever son gant tombé à ses pieds, perdit l'équilibre et disparut sous les eaux, où elle se noya. A la première nouvelle de l'affreux accident, la mère avait recommandé sa fille au saint évêque de Genève, et lui avait voué un cœur d'or, s'il la lui faisait retrouver vivante. Cependant, on ne put retirer le corps qu'après deux heures de recherches et d'efforts : naturellement les médecins constatèrent que ce n'était plus qu'un cadavre. Malgré leur décision, la pauvre mère ne se laissa pas décourager un seul instant, et, se jetant à genoux, elle fit passer toute son âme dans cette prière : *Bienheureux François de Sales, rendez-moi ma fille !* Pendant qu'elle priait de la sorte, trois dames de ses amies veulent voir le corps de la défunte encore une fois, avant qu'on l'ensevelisse. O surprise ! voilà que l'enfant ouvre les yeux, joint les mains, s'assied sur son lit, et, tout étonnée de l'étonnement des personnes présentes, veut se lever, disant qu'*elle avait fort bien dormi*. La mère accourt, tombe à genoux et réitère son vœu : aussitôt disparaissent les meurtrissures du visage et toutes les traces de l'asphyxie ; l'enfant recouvre sa première beauté et toute sa fraîcheur avec une santé parfaite. Elle entra plus tard dans l'ordre de la Visitation, où elle vécut de longues années dans la pratique de toutes les vertus religieuses.

Ces miracles et beaucoup d'autres hâtèrent la marche des procédures pour l'élévation de François de Sales sur les autels. Le 28 décembre 1661, avec dispense des 13 années qui restaient encore à courir sur les 50 qu'on exige d'ordinaire entre la mort et le décret de béatification, le pape Alexandre VII déclarait le serviteur de Dieu *bienheureux*. Puis, le 19 avril 1665, après de nouvelles instances du clergé de France, de Sa Majesté très chrétienne, des reines de France et d'Angleterre, des princes et princesses de Piémont, et de beaucoup d'autres nobles personnes, le même pontife mettait au nombre des *Saints* le bienheureux François de Sales, et fixait sa fête au 29 janvier pour l'Église universelle.

Pourtant quelque chose, semblait-il, manquait encore à sa gloire. Enfin, par un décret en date du 7 juillet 1877, le pape Pie IX, d'heureuse mémoire, à l'applaudissement du monde catholique, élevait le saint confesseur pontife au rang des *Docteurs de l'Église*. La proclamation de ce nouveau titre fut partout, mais principalement en France, l'occasion de magnifiques démonstrations de piété et d'amour en l'honneur de François de Sales. — Puisse-t-il, en reconnaissance des hommages qui lui furent rendus, des prières qui lui furent adressées alors, répandre du haut du ciel, sur le clergé et sur tout le peuple chrétien, une large effusion de son esprit admirable et de ses aimables vertus !

Table des Matières.

LIVRE QUATRIÈME.

Depuis le commencement de son épiscopat jusqu'à la fondation de la Visitation (1602-1610).

LIVRE CINQUIÈME,

De la fondation de la Visitation jusqu'aux constitutions de cet ordre religieux (1610-1616).

LIVRE SIXIÈME.

Depuis les constitutions de la Visitation jusqu'à la mort du Saint (1616-1622).

9 782329 558257